Wojciech Lewandowski

Nalewki i likiery
z domowego kredensu

Spis treści

O nalewkach

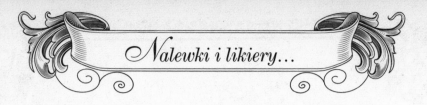
„Dobra nalewka to słońce zamknięte w butelce" – mawia znany reżyser i krytyk kulinarny Piotr Bikont. To określenie oddaje magię domowych nalewek. Z owoców, kwiatów czy ziół, gdy są najbardziej aromatyczne, wytwarzamy trunki, które nawet w zimowe, śnieżne dni potrafią przypomnieć nam atmosferę gorących lipcowych wieczorów spędzanych w ogrodowej altanie.

W ostatnich latach ukazało się sporo publikacji o historii nalewek, miejsca, jakie zajmowały w szlacheckich dworach i mieszczańskich domach. Tutaj podam jedynie garść informacji, by przybliżyć temat i spróbować określić, czym są nalewki.

Nie jest nalewka – jak twierdzą niektórzy – trunkiem typowo polskim. Przyjmuje się powszechnie, że twórcą nalewek był Hipokrates. Starożytnym nieznany był proces destylacji alkoholu, dlatego bazę ziołowych trunków greckiego medyka stanowiło wino.

Przez szereg wieków nalewki były traktowane jak lekarstwo. Również po rozpowszechnieniu się w XIII stuleciu destylacji alkoholu macerację w nim ziół wykorzystywano właśnie w celach leczniczych. Dopiero w XVI wieku we Włoszech powstały pierwsze nalewki przeznaczone do szerszej konsumpcji. Mniej więcej w tym samym czasie mnisi opracowali receptury znanych do dziś zakonnych likierów Chartreuse i Bénédictine.

Na polskie stoły nalewki trafiły wraz z powstaniem pierwszych gospodarskich destylarni w XVII wieku. Początkowo doprawianie okowity ziołami, korzeniami, miodem czy owocami służyło głównie poprawie wątpliwej w owym czasie jakości alkoholu i uczynieniu go zdatnym do spożycia. W miarę uzyskiwania coraz lepszego spirytusu sztuka nastawiania nalewek nie zanikała, wręcz przeciwnie – rozwijała się. Wpierw w dworach magnackich i szlacheckich, a następnie także w domach mieszczan komponowano coraz to nowe trunki, zacne na tyle, by trzymać je pod kluczem w apteczce.

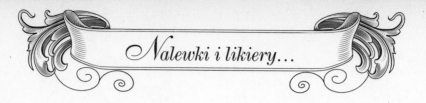
Jak wiele dobrych tradycji, i ta nalewkarska przeżyła
swój kryzys zapoczątkowany wybuchem wojny w 1939 roku.
Jednak w wielu domach również w ostatnich kilkudziesięciu
latach nie zabrakło karafki z orzechówką czy wiśniówką
według dziadkowego przepisu.

Choć dobre nalewki produkowane są w wielu krajach
(czym, jeśli nie nalewką, są włoskie limoncello, niektóre
gatunki ginu czy wermut?), powszechność ich wytwarzania
w polskich domach pozwala im pretendować – obok wódki
– do miana narodowego trunku Polaków.

Na pytanie, czym jest nalewka, najprościej odpowiedzieć
w dwóch słowach – maceratem alkoholowym. To właśnie
w procesie maceracji, w którym alkohol wyciąga z zalanych
nim owoców, ziół, kwiatów oraz korzeni ich aromaty
i smaki, powstają nalewki. Nie uzyskamy nalewki,
mieszając alkohol z sokiem, koncentratem czy olejkiem
– to metoda bliższa tworzeniu koktajli.

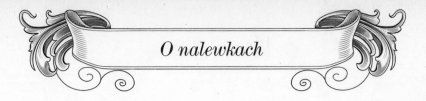

O nalewkach

Nalewki zajmują najwięcej miejsca na półkach mojego kredensu. Stosunkowo łatwe w przygotowaniu – choć wymagające czasu i dbałości o szczegóły – pojawiają się na stole przy okazji towarzyskich spotkań, rodzinnych uroczystości oraz świąt. Każdy trunek jest okazją do opowiedzenia szczególnej historii – o stryju, który, choć odszedł od nas już dawno, zostawił po sobie przepis na lubianą przez wszystkich orzechówkę, albo o wielkiej gruszy, która rosła w babcinym sadzie, aż w ubiegłym roku poległa zwalona wichurą…

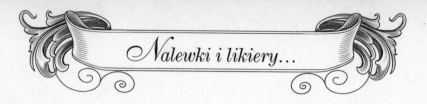
Nim zabierzemy się za wytwarzanie nalewek, warto przyswoić sobie kilka prostych zasad, które pomogą nam otrzymać naprawdę wyjątkowe trunki.

Woda

Ta wykorzystywana do nalewek powinna była czysta i wolna od obcych zapachów. Jeśli w naszym kranie płynie niechlorowana woda z głębinowej studni, możemy jej użyć. Najczęściej jednak kranówka, nim trafi do naszych domów, przechodzi proces chemicznego uzdatniania. W takim wypadku warto posłużyć się wodą źródlaną. Zawiera ona dużo mniej wapnia, magnezu czy potasu niż wody mineralne, co przy produkcji nalewek stanowi zaletę, a nie wadę.

Wodę wykorzystywaną do nalewek należy odpowiednio wcześniej odstać, a następnie ściągnąć gumowym wężykiem znad kamienia, który niewątpliwie wytrąci się na dnie dzbanka czy słoja.

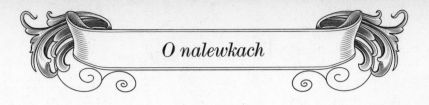

Alkohol

Do wytwarzania nalewek stosujemy zwykle alkohol zbożowy. Najczęściej mieszamy go z wodą, by uzyskać odpowiednie stężenie. To ważne. W wielu wypadkach użycie zbyt mocnego alkoholu może mieć bowiem niepożądane skutki. Niektóre owoce pod jego wpływem intensywnie wydzielają pektyny, które sprawią, że zamiast nalewki otrzymamy słój wysokoprocentowej galaretki.

oczekiwane stężenie	80%	75%	70%	65%	60%	55%	50%	45%	40%
ilość wody		160 ml	210 ml	260 ml	320 ml	370 ml	420 ml	470 ml	530 ml	580 ml
ilość spirytusu 95%	840 ml	790 ml	740 ml	680 ml	630 ml	580 ml	530 ml	470 ml	420 ml

Spirytus mieszamy z oczyszczoną wodą na kilka tygodni przed użyciem go do nalewki, tak aby zdążył się przegryźć, co pozbawi go ostrego zapachu i przyspieszy proces dojrzewania trunku. Z wcześniej przygotowanego roztworu wytrącą się też ostatnie zanieczyszczenia.

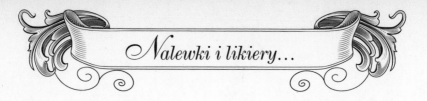

Poza alkoholem zbożowym do produkcji wielu nalewek oczywiście możemy użyć destylatów owocowych czy rumu. Nalewka ze śliwek przyrządzona na śliwowicy z całą pewnością dostarczy bogatszych aromatów niż ta przygotowana na wódce zbożowej.

Owoce, kwiaty i zioła

Czyli pożytki, jak zwykli zwać je nalewkarze, podkreślając, że to przede wszystkim od ich jakości zależy efekt końcowy. Powinny być one jak najmniej zanieczyszczone.

Nie warto zbierać kwiatów czarnego bzu rosnących na naszym osiedlu – dużo lepsze znajdziemy, spacerując po polnych duktach. Nie kupujmy porzeczek czy agrestu z plantacji, którą mijamy, jadąc do pracy. Szukajmy jak najbardziej dziewiczych miejsc zbioru, sadów i upraw. Jakość naszej nalewki sowicie nagrodzi nam ten trud. To szczególnie ważne, biorąc pod uwagę, że dla zachowania jak najbogatszych aromatów kwiatów, owoców i ziół na nalewki nie należy myć.

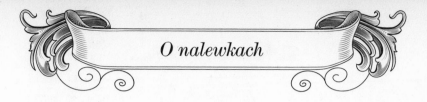

Kupując owoce, warto znać miejsce, w którym wyrosły, wiedzieć, czy przy ich uprawie nie używano środków chemicznych. Większość osób nastawiających nalewki latami buduje swoją bazę zaufanych dostawców, często ściągając wypróbowane owoce derenia czy pigwowca z odległych zakątków kraju.

Naturalnie uprawiane owoce często nie są wcale piękne. Zdziczałe, małe, czarne wiśnie, cierpkie gruszki czy niewielkie, ale bardzo aromatyczne morele, którym brak jednak równomiernej złotopomarańczowej barwy, są zdecydowanie lepsze na nalewki niż ich dorodne, błyszczące i często pozbawione smaku odpowiedniki.

Bardzo istotna jest pora zbioru. W większości przypadków owoce na nalewki powinny być w pełni dojrzałe, a nawet odrobinę przejrzałe – opadające już z drzew i krzewów. Blade, kupione we wrześniu żurawiny nie oddadzą naszej nalewce pięknej rubinowej barwy i bogatego słodko-gorzkiego aromatu, których same jeszcze

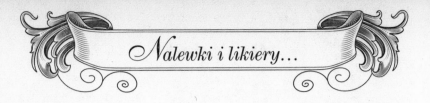
nie nabrały. Smaku, koloru i zapachu będzie w naszej nalewce najwyżej tyle, ile jest go w owocach, ziołach czy kwiatach użytych do jej wytworzenia. Pamiętajmy o tym.

Naczynia i akcesoria

Każdy nalewkarz buduje swój warsztat stopniowo. Liczba słojów, gąsiorów i butli zwiększa się wraz z rodzajami wytwarzanych trunków. Nawet jeśli dopiero zaczynamy swoją przygodę z nalewkami, warto zaopatrzyć się w niezbędne akcesoria.

Potrzebne nam będą duże szklane słoje lub gąsiory z szeroką szyjką, która ułatwi nam wsypywanie i wysypywanie owoców. Czasem lepsze okazują się naczynia kamienne lub z ciemnego szkła – niektóre nalewki nie lubią światła. Powinniśmy kupić także duży dzbanek z podziałką, który pozwoli nam odmierzać składniki. Poza tym niezbędny będzie miękki, gumowy wężyk do ściągania wody, alkoholu i w końcu nalewki znad osadu. Niewątpliwie przydadzą się też dokładna waga kuchenna,

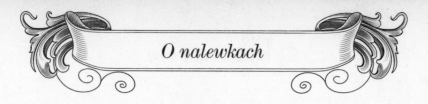

O nalewkach

moździerz, drylownica i duży lejek z wbudowanym
sitkiem. Ponadto warto mieć pod ręką kawałki białego
płótna, gazę lub tetrę, bawełnianą watę, białe papierowe
ręczniki i bibułę lub filtry do kawy.

Czystość

Przygotowując się do nastawienia nalewki, należy
zadbać o czystość akcesoriów. Noże i deski powinniśmy
dokładnie wyszorować, by pozbawić je zapachów, które
mogły się na nich osadzić. To samo dotyczy lejków,
rurek czy dzbanów. Najważniejszą dla nalewkarzy
(i wytwórców perfum) cechą alkoholu jest bowiem jego
zdolność utrwalania aromatów – niestety również tych
niepożądanych.

Umyte słoje warto wysterylizować. To szczególnie ważne,
jeśli w pierwszym etapie owoców nie zalewamy alkoholem,
a jedynie zasypujemy cukrem. Organiczne osady w słoju
mogłyby przyspieszyć niepożądany proces fermentacji.

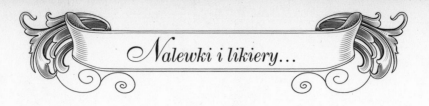
Klarowanie

Mistrzowie wyrobu nalewek zgodnie twierdzą, że proces ich filtrowania należy ograniczyć do minimum. Ma on negatywny wpływ na ostateczną jakość i zdecydowanie wydłuża dojrzewanie trunku. Zgoda panuje jednak i co do tego, że dobra nalewka powinna być klarowna. Jak więc to osiągnąć?

Powinniśmy polegać przede wszystkim na naturalnej sedymentacji, czyli wytrącaniu się osadów z nalewki w miarę jej dojrzewania i ich osiadaniu na dnie naczynia. W odpowiednim momencie nalewkę ściągamy znad osadu do czystego słoja, korzystając z elastycznego gumowego wężyka (i prostego prawa naczyń połączonych), a filtrujemy sam osad. W zależności od rodzaju nalewki czasem wystarczy filtr w postaci gazy lub tetry, czasem natomiast konieczne będzie wielokrotne i żmudne przelewanie przez bibułę czy watę.

Może zdarzyć się, że dojrzewająca nalewka ponownie wytrąci osad i klarowanie będzie trzeba powtórzyć.

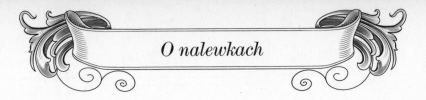

O nalewkach

W przypadku niektórych nalewek całkowite pozbycie się osadu jest niemożliwe. Lepiej przechowywać je w większym gąsiorze, a przed podaniem ściągać z niego odpowiednią ilość trunku wprost do karafki.

Czas i cierpliwość

Tym, czego najbardziej potrzebujemy w domowym wytwarzaniu nalewek, są właśnie czas i cierpliwość. Choć zdarzają się nalewki – np. miętówka czy piołunówka – które najlepiej degustować już kilka dni po ich nastawieniu, to zdecydowana większość wymaga wielotygodniowej maceracji i wielomiesięcznego dojrzewania.

Nalewki osiągają najwyższą jakość nierzadko dopiero po kilku latach. Po zakończeniu produkcji warto więc schować butelki z trunkami w najdalszy kąt. Często już po pół roku są w stanie zaskoczyć nas harmonią smaków i aromatów. Nie polecam też skracania samego procesu wytwarzania – obieranie drogi na skróty niemal zawsze ma negatywny wpływ na ostateczną jakość napitku.

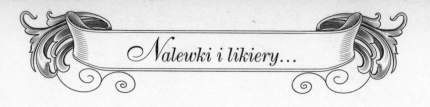
Zawsze inna

Nalewka to trunek niepowtarzalny nie tylko ze względu na różnice w stosowanych przepisach. Podobnie jak wino, nalewka z każdego roku smakować będzie inaczej. Różnice w liczbie słonecznych dni czy ilości opadów w danym sezonie, czasie zbioru, warunkach maceracji i dojrzewania sprawiają, że smaku nalewki nigdy nie uda się idealnie powtórzyć. Sporządzone według tego samego przepisu, lecz w różnych latach czy przez różne osoby, nalewki smakować będą inaczej. To także ich magia.

Turnieje nalewek i przepisy mistrzów

Od kilku lat w Polsce organizowane są konkursy nalewek, podczas których pasjonaci mają szansę stanąć w szranki.

Takie imprezy, jak Polska Nalewka Roku w Poznaniu, Turniej Nalewek w Grucznie, Turniej Nalewek Kresowych w Lublinie czy Wrocławski Turniej Nalewek, są doskonałą okazją do wymiany doświadczeń dla nalewkarzy z całej

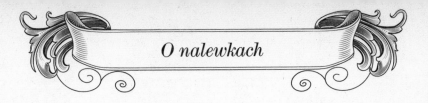

O nalewkach

Polski. Celem tych spotkań jest kultywowanie i promowanie
tradycji domowego wytwarzania tych trunków.

Spośród setek uczestników turnieje wyłaniają
prawdziwych mistrzów. Niektórzy mają na swoim
koncie laury niemal wszystkich ważniejszych imprez
w kraju. Na szczególne wyróżnienie zasługuje Hieronim
Błażejak – niekwestionowany mistrz nalewek i jeden
z najaktywniejszych propagatorów sztuki ich wytwarzania.
Obok mistrza Hieronima chciałbym tu wspomnieć
o Zbigniewie Sierszule, Januszu Łakomcu, Dariuszu
Brusie, Lechu Gogolewskim i Marku Grądzkim –
to laureaci konkursów, którzy zgodzili się podzielić ze mną
swoimi recepturami. Wśród przepisów, jakie czytelnik
odnajdzie na stronach niniejszej książki, są zatem
i te latami opracowane przez prawdziwych znawców.

Nalewki

owocowe

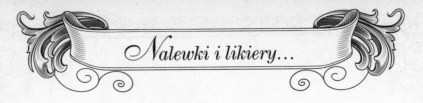
Gruszkówka

*Do nalewki wybieramy dojrzałe, ale niezbyt miękkie,
soczyste i aromatyczne gruszki. To nalewka dla
cierpliwych, ale narkotyczny aromat trunku wynagrodzi
nam poświęcony mu czas.*

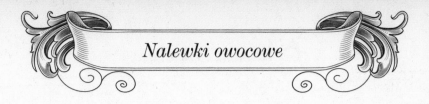
Proporcje:

- 2 kg gruszek
- ok. 1 l alkoholu 95%
- 50 dag cukru
- sok z 1 cytryny

Przygotowanie:

Owoce obieramy, usuwamy ogonki i szypułki, a następnie kroimy w grubą kostkę wraz z gniazdami nasiennymi. Do krojenia gruszek najlepiej używać srebrnego lub plastikowego noża – dzięki temu unikniemy przebarwień.

Owoce przekładamy do słoja i zalewamy alkoholem 1 cm nad ich powierzchnię. Słój szczelnie zakręcamy i odstawiamy do maceracji na pół roku.

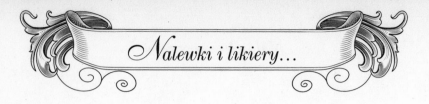

Po tym czasie zlewamy alkoholowy nalew. Pozostałe
w słoju owoce przesypujemy cukrem i odstawiamy
do całkowitego rozpuszczenia. Potrwa to 3-4 dni. Każdego
dnia potrząsamy słojem, aby wymieszać owoce i cukier.

Powstały syrop zlewamy. Gruszki mocno odciskamy
przez płótno lub – co łatwiejsze – przepuszczamy przez
sokowirówkę. Uzyskany płyn filtrujemy przez bawełnianą
watę upchaną w lejku i mieszamy z syropem oraz
alkoholowym nalewem, dodając sok z cytryny.

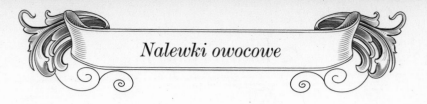
Nalewka brzoskwiniowa

Do brzoskwiniówki używamy starych odmian owoców z polskich sadów. Brzoskwinie na nalewkę nie muszą być piękne i duże. Ważne, aby były dojrzałe (ale nie za miękkie) i aromatyczne. Z kupionych w supermarkecie importowanych owoców nie uzyskamy dobrego trunku.

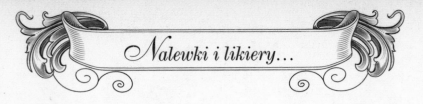

Proporcje:

- 3 kg brzoskwiń
- 1,5 l alkoholu 50%
- 1,2 kg cukru

Przygotowanie:

Jeśli to konieczne, brzoskwinie krótko płuczemy pod zimną wodą i dokładnie osuszamy. Owoce przekrawamy i usuwamy pestki. Co piątą pestkę odkładamy, wybierając te nieuszkodzone.

Brzoskwinie układamy warstwami w szerokim słoju, każdą partię przesypując cukrem. Ujście słoja obwiązujemy płótnem lub gęstą gazą, a następnie odstawiamy go na nasłoneczniony parapet na cały dzień i całą noc.

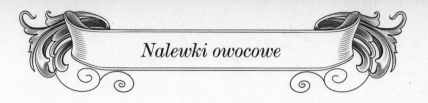

Po tym czasie do słoja dosypujemy odłożone pestki
i dolewamy alkohol. Słój szczelnie zakręcamy i ponownie
odstawiamy na nasłoneczniony parapet na 2-3 miesiące.
Co tydzień mieszamy zawartość naczynia.

Po zakończeniu maceracji zlewamy nalewkę znad
brzoskwiń, a owoce odciskamy przez gęste płótno.

Tak przygotowany trunek odstawiamy do dojrzewania
w szczelnie zakorkowanym gąsiorze. Warto pamiętać,
że brzoskwiniówki nie należy przechowywać w zbyt
zimnym pomieszczeniu, gdyż wówczas mętnieje.

Po 3 miesiącach ściągamy klarowną nalewkę znad osadu,
a sam osad filtrujemy przez bibułę lub filtry do kawy.

Po przelaniu do czystego gąsiora lub butelek pozwalamy
brzoskwiniówce dojrzewać przynajmniej kolejne
3 miesiące.

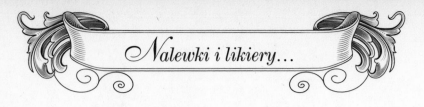
Morelówka

przepis Zbigniewa Sierszuły

Do tej nalewki warto użyć moreli starych odmian, które wciąż rosną w wielu przydomowych sadach i ogrodach. Nie muszą one być piękne czy bardzo słodkie, ważne by oddały nalewce swój niepowtarzalny aromat.

Proporcje:

- 3-4 kg moreli
- 60 dag suszonych moreli
- 2,5-3 l alkoholu 60%
- 5 dag cukru

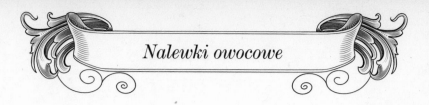

Nalewki owocowe

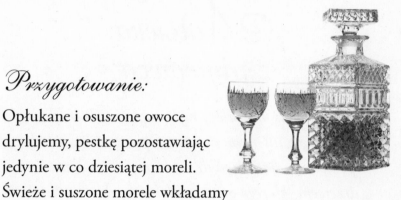

Przygotowanie:

Opłukane i osuszone owoce
drylujemy, pestkę pozostawiając
jedynie w co dziesiątej moreli.
Świeże i suszone morele wkładamy
do pięciolitrowego słoja, prawie zupełnie go zapełniając,
przesypujemy cienką warstwą cukru. Naczynie
odstawiamy na parapet.

Po 2-3 dniach, gdy morele puszczą sok, zalewamy je
alkoholem. Słój trzymamy na nasłonecznionym parapecie
4 miesiące.

Po tym czasie zlewamy nalewkę, a owoce odciskamy
przez płótno. Nalewkę filtrujemy, ostawiamy
do dojrzewania na minimum pół roku.

Nalewka z pigwowca

Pigwowca nie należy mylić z pigwą. Pierwszy to krzew o intensywnie żółtych owocach kształtem przypominających małe jabłuszka. Pigwa zaś jest drzewem, którego owoce podobne są do dorodnych, złotych gruszek. Oba owoce doskonale nadają się na nalewki, jednak kordiały wytwarzane z pigwowca znajdują zdecydowanie szerszą rzeszę entuzjastów.

Proporcje:

- 2 kg owoców pigwowca
- 1 kg cukru
- 2 l alkoholu 70%
- 1 laska wanilii
- 4-5 ziaren kardamonu

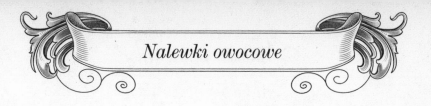
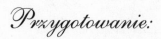

Przygotowanie:

Owoce pigwowca płuczemy w zimnej wodzie, dokładnie osuszamy, a następnie kroimy na ósemki i pozbawiamy gniazd nasiennych. Przekładamy je do pięciolitrowego słoja lub gąsiora i zasypujemy cukrem.

Naczynie odstawiamy na 4-5 dni. Codziennie nim potrząsamy. Czekamy, aż cukier dokładnie się rozpuści, a owoce puszczą sok. By uniknąć fermentacji, nie należy stawiać słoja w zbyt ciepłym miejscu.

Po tym czasie dodajemy laskę wanilii oraz ziarna kardamonu i zalewamy owoce alkoholem.

Po upływie 3 miesięcy zlewamy nalewkę z owoców*. Odstawiamy do dojrzewania na minimum 4 miesiące.

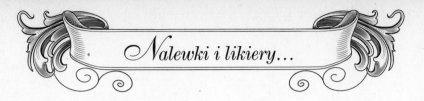

Gdy na dnie naczynia wytworzy się osad, ściągamy trunek wężykiem do butelek.

* Jeśli nalewka wyda się nam zbyt cierpka, na odsączone owoce możemy wsypać jeszcze 50 dag cukru i odstawić je w ciepłe miejsce. Po niecałym tygodniu cukier zupełnie się rozpuści, wydobywając z owoców resztki alkoholu. Tak sporządzonym syropem dosładzamy nalewkę.

Jeśli natomiast zdecydujemy się nie przygotowywać syropu, pozostałe w słoju owoce smażymy z cukrem do odparowania alkoholu. W ten sposób uzyskamy znakomity dodatek do herbaty.

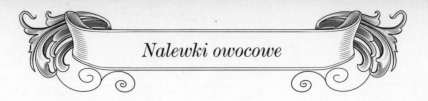

Pigwowcówka z głogiem dwuszyjkowym

przepis Marka Grądzkiego

Owoce pigwowca zbieramy późno, po pierwszych przymrozkach. Głóg – by nie objadły go nam ptaki – możemy zebrać już we wrześniu i przechowywać zamrożony do czasu nastawienia nalewki.

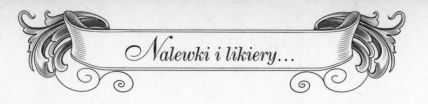
Proporcje:

- 2 kg owoców pigwowca
- 1 kg owoców głogu
- 2 szklanki miodu akacjowego
- 1,5 l alkoholu 95%
- 2 l wódki żytniej 40%

Przygotowanie:

Pokrojone w ćwiartki i oczyszczone z gniazd nasiennych owoce pigwowca układamy w słoju wraz z pozbawionymi ogonków i szypułek kulkami głogu. Zalewamy je miodem i potrząsając naczyniem 2 razy dziennie, czekamy, aż owoce puszczą sok, a miód całkowicie się rozpuści. Potrwa to nie dłużej niż tydzień.

Gdy sok zakryje owoce, do słoja dolewamy alkohol 95% i dokładnie mieszamy. Pierwszy nalew powinien stać na owocach 3 miesiące.

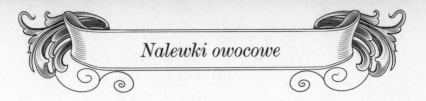

Po tym czasie zlewamy go, a owoce zalewamy ponownie
– tym razem wódką.

Po kolejnych 2 miesiącach zlewamy drugi nalew.
Mieszamy oba płyny i odstawiamy do sklarowania,
a następnie dojrzewania na minimum pół roku.

*Przepis oryginalny**

*Pigwówka z głogiem dwuszyjkowym – jeden i drugi
owoc by użyty być mógł mrozu wymaga. Owoce
pigwowca, które zbieram w końcu października, początku
listopada kroję w ćwiartki, pestki dokładnie wyrzucam.
Głóg by z ptactwem nie konkurować, które nań łakome
zrywam we wrześniu i zamrożony do użycia trzymam.*

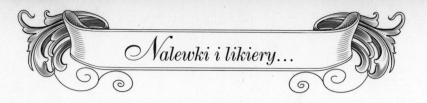

W słoju układam w proporcji pierwszego dwie trzecie i drugiego jedna trzecia. Tu najchętniej stosuję miód akacjowy, który płynny łatwo z owocami się łączy. Ponieważ jedne i drugie twarde wstrząsać by sok oddały trzeba dwa razy dziennie. Jak tenże zakrywać zacznie spirytusem zalewam i mieszam. Tak przez trzy miesiące. Kolor pięknej żółci głębokiej dostaje, wtedy do butli idzie i na to wódka żytnia. Miesiąc do dwóch wszystko co warte zabiegu w płyn przejść powinno. To jednak co zlane, sklarowane razem stać powinno najmniej z pół roku w piwniczce zapomniane. Wtedy można ten królewski napój przyjaciołom wydać i bez obaw nawet z lekka przedobrzyć, bo na dzień drugi głowa boleć nie będzie, co najwyżej trochę ciężka.

* Takim właśnie językiem Marek Grądzki spisuje swoje przepisy na prowadzonym z gospodarstwa w Liniach k. Pniew blogu ziemianinwkuchni.blox.pl.

Wytrawna nalewka z pigwy

Mówiąc pigwówka, często myślimy o nalewce z owoców pigwowca (tak naprawdę powinniśmy zwać ją pigwowcówką). Z owoców drzewa pigwy pospolitej również można przygotować doskonałą nalewkę. Pigwówkę w przedstawionej tutaj – dość wytrawnej – odsłonie podajmy schłodzoną. Idealnie komponuje się z daniami z kaczki i dzikiego drobiu.

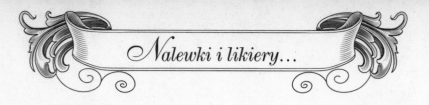

Proporcje:

- *3 kg owoców pigwy*
- *30 dag cukru*
- *2 l alkoholu 50%*
- *3 cm kory cynamonowej*
- *3 goździki*

Przygotowanie:

Dojrzałe owoce pigwy płuczemy, suszymy, nieobrane kroimy na ósemki i wycinamy gniazda nasienne. Wkładając owoce do słoja, kolejne warstwy przesypujemy cukrem. Naczynie stawiamy w ciepłym miejscu na dobę.

Cynamon i goździki kruszymy w moździerzu, dodajemy przyprawy do owoców i całość zalewamy alkoholem.

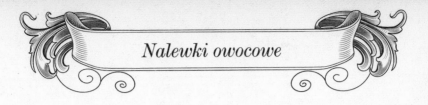

Po 3 miesiącach maceracji zlewamy nalew. Owoce odciskamy w sokowirówce, a uzyskany sok filtrujemy przez bibułę lub filtry do kawy.

Łączymy oba płyny w gąsiorze i odstawiamy do długiego, przynajmniej rocznego dojrzewania.

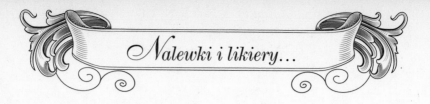

Agrestówka

przepis Janusza Łakomca

*Agrest na tę nalewkę zbieramy, gdy jest już słodki,
ale jeszcze niezupełnie dojrzały.*

Proporcje:

- 2 kg jasnego agrestu
- 10 suszonych (nie wędzonych!) śliwek
- 2 l alkoholu 45%
- 50 dag cukru

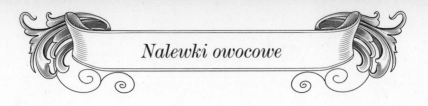

Przygotowanie:

Agrest mielemy ręcznym blenderem
na tyle dokładnie, aby go rozdrobnić,
ale nie otrzymać zupełnej papki.

Rozdrobnione owoce przekładamy
do słoja. Dodajemy cukier oraz
suszone śliwki i zalewamy alkoholem.
Odstawiamy na 6-10 tygodni. Co kilka dni potrząsamy
naczyniem, aby dokładnie wymieszać jego zawartość.

Następnie zlewamy nalew przez sito, a owoce dokładnie
odciskamy przez płótno. Tak przygotowaną nalewkę
odstawiamy na minimum 4 miesiące.

Po upływie tego czasu ściągamy nalewkę znad osadu
i butelkujemy. Trunek jest już gotowy do picia, ale jeśli
damy mu dojrzewać jeszcze rok, będziemy mile zaskoczeni.

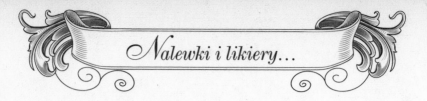

Agrestówka z imbirem

przepis Janusza Łakomca

*Agrest na tę nalewkę zbieramy, gdy jest już słodki,
ale jeszcze niezupełnie dojrzały.*

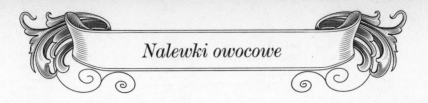
Proporcje:

- 2,5 kg jasnego agrestu
- 2,5 l spirytusu 45%
- 60 dag cukru
- 1 laska wanilii
- 5 cm korzenia imbiru

Przygotowanie:

Agrest mielemy ręcznym blenderem na tyle dokładnie, aby go rozdrobnić, ale nie otrzymać zupełnej papki.

Rozdrobnione owoce przekładamy do słoja. Dodajemy cukier, rozciętą i pozbawioną pestek laskę wanilii*, obrany i pocięty w cienkie plasterki korzeń imbiru. Składniki zalewamy spirytusem.

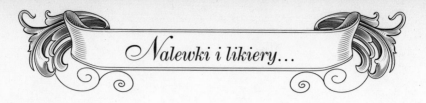

Słój odstawiamy na 6-10 tygodni. Co kilka dni potrząsamy naczyniem, aby dokładnie wymieszać jego zawartość.

Po tym czasie zlewamy nalew przez sito, a owoce dokładnie odciskamy przez czyste płótno. Tak przygotowaną nalewkę odstawiamy na minimum 4 miesiące.

Po upływie tego czasu nalewkę ściągamy znad osadu i butelkujemy. Agrestówka już jest gotowa do picia, ale jeśli nam to się uda – warto pozwolić jej dojrzewać jak najdłużej.

* Nie marnujmy wyskrobanych ze strąka wanilii cennych pestek! Można wymieszać je z cukrem (20 dag) i zamknąć w szczelnej puszcze. W ten sposób już po kilku dniach będziemy cieszyć się prawdziwym cukrem waniliowym.

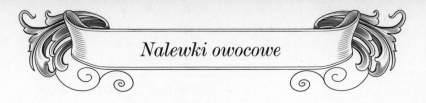

Nalewka z mirabelek

przepis Janusza Łakomca

Mirabelki na tę nalewkę zbieramy, gdy są w pełni dojrzałe i zaczynają same obsypywać się z drzewa. Możemy wyłożyć pod drzewem płachtę, a następnie zebrać opadłe na nią owoce.

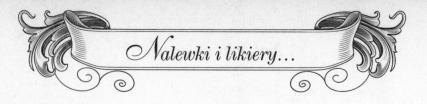

Proporcje:

- 3,5-4 l mirabelek
- 50 dag cukru
- 2-2,5 l alkoholu 50%

Przygotowanie:

Mirabelki płuczemy w zimnej wodzie, dokładnie osuszamy, nie drylujemy. Pięciolitrowy słój lub gąsior wypełniamy w ¾ owocami, wsypujemy cukier i zalewamy alkoholem, tak aby sięgał kilka centymetrów nad ich powierzchnię. Naczynie stawiamy w słonecznym miejscu na 6 tygodni. Codziennie intensywnie potrząsamy słojem, aby dokładnie wymieszać jego zawartość.

Po tym czasie zlewamy alkohol, a owoce odciskamy przez płótno do osobnego naczynia. Po kilku dniach sprawdzamy, czy w alkoholu wyciśniętym z owoców

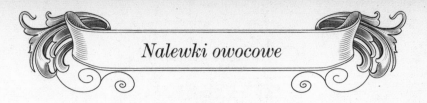
nie wytworzyła się galaretka. Jeśli tak się nie stało –
łączymy go z pierwszym nalewem.

Nalewka z mirabelek dojrzewa szybko i jest gotowa
do picia już kilka tygodni po zlaniu, ale aby uzyskać
pełną harmonię, warto pozwolić jej dojrzewać
minimum pół roku.

Smorodina, czyli nalewka z czarnej porzeczki

przepis Zbigniewa Sierszuły

Dobra smorodinówka jest jedną z najbardziej czasochłonnych nalewek. Jednak niepowtarzalne smak i aromat trunku wynagrodzą nam trud włożony w jego przygotowanie.

W maju wyczekujemy, aż krzewy porzeczki puszczą świeże pędy. Wówczas zbieramy młode listki, zostawiając ok. ¼ gałązek.

Owoce czarnej porzeczki natomiast zbieramy, gdy zaczynają już opadać z krzewów.

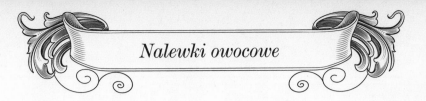

Proporcje:

listkówka

- 50 dag młodych listków i pędów czarnej porzeczki
- 0,5-0,75 l alkoholu 45%
- 50 dag cukru
- 1 łyżka soku z cytryny

nalew właściwy

- 3,5-4 l owoców z czarnej porzeczki
- 2-2,5 l alkoholu 50%
- 10 dag cukru

likier

- owoce z nalewu
- ok. 2 l alkoholu 40%
- 50 dag cukru

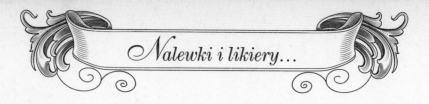

Przygotowanie:

Opłukanymi i osuszonymi listkami oraz pędami
wypełniamy litrowy słój, zalewamy je alkoholem.
Naczynie odstawiamy na miesiąc w słoneczne miejsce.

Po tym czasie zlewamy nalew, filtrując go przez bibułę.
Dodajemy sok z cytryny. Na pozostałe w słoju listki i pędy
wsypujemy cukier, odstawiamy naczynie na parapet.
Przez kilka kolejnych dni potrząsamy słojem.

Gdy cukier całkowicie się rozpuści, mieszamy jego
zawartość ze zlanym wcześniej alkoholem. Tak powstałą
listkówkę odstawiamy do piwnicy.

Porzeczek nie myjemy, obrywamy z szypułek,
wsypujemy do pięciolitrowego słoja, wypełniając go w ¾,
i przesypujemy cukrem. Naczynie wystawiamy na słońce.

Po upływie mniej więcej tygodnia porzeczki puszczą
sok, a cukier całkowicie się rozpuści. Zalewamy je wtedy

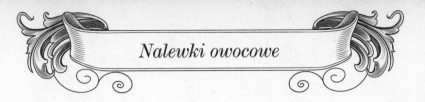

alkoholem, tak aby całkowicie wypełnić naczynie. Tak przygotowany nastaw stawiamy na parapecie na pół roku.

Po tym czasie zlewamy nalew do gąsiora. Porzeczki w słoju zasypujemy cukrem, a po tygodniu wlewamy tyle alkoholu, aby je przykryć. Drugi nastaw stawiamy na parapecie na 4 miesiące. Zlewamy likier, filtrując go przez bibułę.

Mniej więcej po roku od zbioru młodych listków wszystkie komponenty smorodinówki są gotowe! Ostatnim etapem jest kupażowanie.

Do właściwego nalewu dolewamy tyle likieru, aby być prawie zadowolonym z poziomu słodkości nalewki*. Prawie – gdyż listkówka dodatkowo ją dosłodzi. Na samym końcu dodajemy tyle listkówki, aby stanowiła ona 10% ostatecznej objętości naszej nalewki. Po kupażowaniu smorodinówka powinna dojrzewać przynajmniej pół roku.

* Pozostały po kupażowaniu likier doskonale sprawdza się jako dodatek do deserów. Smakował będzie tym, którzy szczególnie cenią słodkie trunki.

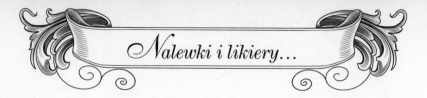

Nalewka z czerwonej porzeczki

przepis Hieronima Błażejaka

*Do tej nalewki używamy lekko przejrzałych owoców.
Najlepsze będą porzeczki starych odmian.*

Proporcje:

- 1 l świeżo wyciśniętego soku z czerwonych porzeczek
- 1,75 l alkoholu 95%
- 1 l wody
- 50 dag cukru
- 20 dag rodzynek
- 2 cm kory cynamonowej
- 5 goździków

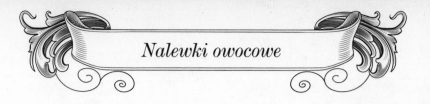

Nalewki owocowe

Przygotowanie:

Wyciskamy porzeczki w sokowirówce,
aby uzyskać 1 l soku. Przygotowujemy
syrop wody i cukru. Do gorącego
jeszcze syropu wlewamy sok
z porzeczek i studzimy całość,
wstawiając naczynie do zimnej wody.

Po wystudzeniu syrop łączymy z alkoholem. Do nalewu
dodajemy rodzynki, korę cynamonową i goździki.
Składniki dokładnie mieszamy. Gąsior lub słój
odstawiamy w ciepłe miejsce na pół roku. Od czasu
do czasu wstrząsamy naczyniem.

Po tym czasie zlewamy nalewkę przez płótno, co na ogół
pozwala całkowicie pozbyć się osadu.

Po 3 miesiącach dojrzewania nalewka nadaje się już
do picia, ale im dłużej stoi, tym jest lepsza.

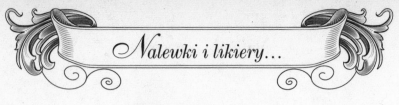
Wiśniówka

Najlepsze na tę nalewkę będą małe, czarne wiśnie starych odmian, na przykład sokówki. Zbieramy je jak najpóźniej, nawet w połowie sierpnia.

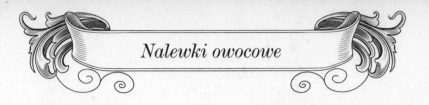

Nalewki owocowe

Proporcje:

- 2 kg wiśni
- 60 dag cukru
- 1,5 l alkoholu 70%

Przygotowanie:

Wiśnie drylujemy i przesypujemy do pięciolitrowego
gąsiora. Dodajemy piątą część pestek, wybierając
te nieuszkodzone. Owoce i pestki zasypujemy cukrem.
Gąsior korkujemy i odstawiamy w słoneczne miejsce
na 3-4 dni, aż cukier całkowicie się rozpuści. Kilka razy
dziennie potrząsamy naczyniem.

Następnie dolewamy do gąsiora alkohol, szczelnie
go korkujemy i odstawiamy w ciepłe miejsce
na 5 miesięcy. W tym czasie kilkakrotnie mocno
potrząsamy naczyniem.

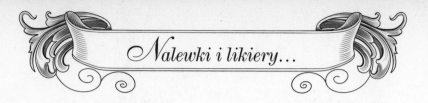
Po zakończeniu maceracji zlewamy nalew przez gazę,
a owoce odciskamy przez gęstą tetrę lub płótno.
Płyny łączymy, przelewamy do gąsiora i odstawiamy
do dojrzewania.

Dzięki długiej maceracji wiśniówka może zaskoczyć
nas dobrym smakiem już po miesiącu. Oczywiście
warto pozwolić jej dojrzewać dłużej. Nalewkę z wiśni
przechowujemy w ciemnym miejscu, aby nie straciła
intensywnej, ciemnoczerwonej barwy.

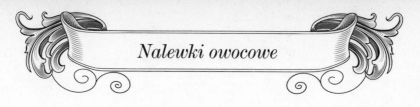

Wiśniówka II

*Przygotowując nalewkę według tego przepisu,
uzyskujemy też wiśniowy syrop doskonały do osładzania
herbaty zimą lub wody w upalne dni.*

Proporcje:

- 2 kg wiśni (najlepiej łutówek)
- 2 kg cukru
- 1,6 l alkoholu 60%

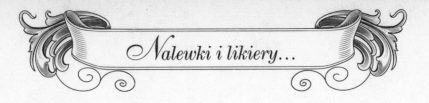
Przygotowanie:

Wiśnie drylujemy i przesypujemy do pięciolitrowego gąsiora. Dodajemy piątą cześć pestek, wybierając te nieuszkodzone. Owoce i pestki zasypujemy cukrem. Gąsior korkujemy i odstawiamy na tydzień. Nie poruszamy naczyniem, czekając aż cukier sam się rozpuści, a owoce puszczą sok.

Po tym czasie mieszamy zawartość gąsiora. Syrop zlewamy przez sitko do niewielkich słoików i pasteryzujemy.

Pozostałe w gąsiorze owoce i pestki zalewamy alkoholem. Naczynie szczelnie korkujemy i odstawiamy do maceracji na około 6 tygodni. Co kilka dni wstrząsamy gąsiorem, aby wymieszać jego zawartość.

Po tym czasie zlewamy nalewkę z owoców, filtrując ją przez tetrę lub gazę. Tak przygotowana wiśniówka powinna dojrzewać przynajmniej pół roku.

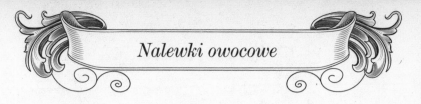

Wiśniówka na miodzie

przepis Marka Grądzkiego

Proporcje:

- 1 l wiśni szklanek
- 1 l wiśni łutówek
- 1 szklanka miodu wielokwiatowego
- ok. 0,75 l spirytusu 95%
- ok. 1,25 l wódki żytniej 40%

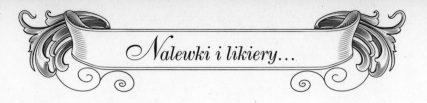

Przygotowanie:

Wiśnie drylujemy, zostawiając pestkę w co trzeciej.
Owoce przesypujemy do słoja. Miód podgrzewamy
w rondlu i ciepłym (nie gorącym!) zalewamy wiśnie.
Zakręcony słój przechylamy tak długo, aż miód obklei
wszystkie owoce, następnie odstawiamy. Codziennie
potrząsamy naczyniem, aby wydzielający się z wiśni sok
dokładne połączył się z miodem. Trwa to około 2 tygodni.

Po tym czasie zalewamy wiśnie w miodzie alkoholem 95%.
Tak przygotowany nastaw umieszczamy w ciemnym
i zimnym pomieszczeniu na 2 miesiące. Codziennie
potrząsamy słojem.

Następnie zlewamy nalew, a owoce zalewamy wódką
i odstawiamy na 3 miesiące. Po zlaniu drugi nalew
mieszamy z pierwszym.

Nalewka, przelana do ciemnych butelek, powinna
dojrzewać kolejne 3 miesiące.

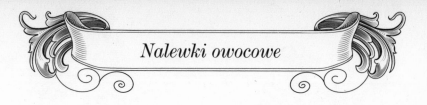

Przepis oryginalny*

Wiśniówka na miodzie — *przez samego się zebrane pół
na pół szklanki i lutówki dreluję, poczem dokładam
jedną trzecią z pestkami i zalewam lekko rozgrzanym
miodem wielokwiatowym, który przywożę spod Gorlic
z zaprzyjaźnionej pasieki, tak by to górskie złoto obkleiło
owoce. Codziennie zachodzę i wstrząsam, mieszam słój
zamknięty, stosuję dwu i pół litrowe, tak by sok, który*

szybko zaczyna się wydzielać dokładnie się połączył.
Trwa to około dwóch tygodni. Wonczas zalewam
czystym spirytusem do pełna. Kolejne mieszanie przez
dwa miesiące trzymane w chłodzie i mroku. Wtedy
zlewam likier prawie do ciemnych butelek i na bok
odstawiam, owoc zalewam dobrą, żytnią wódką i znowu
mieszam. Po miesiącach trzech zbieram, owoce odkładam
przepłukawszy wodą z cukrem do ciast, natomiast
pierwszy zlew z drugim mieszam i znowu na co najmniej
trzy miesiące do ciemnego odstawiam. Co kilka dni
potrząsam, poczem do karafek zlewając klaruję przez
bibułę przesączając. Nalewka półwytrawna jest i każdego
stołu godna.

* Takim właśnie językiem Marek Grądzki spisuje swoje przepisy
na prowadzonym z gospodarstwa w Liniach k. Pniew blogu
ziemianinwkuchni.blox.pl.

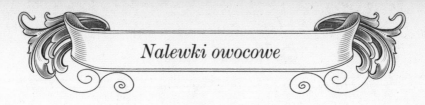
Nalewka
ze śliwek węgierek

*Śliwki węgierki zbieramy, gdy są już mocno dojrzałe
i zaczynają marszczyć się na drzewie.*

Proporcje:

- 3 kg węgierek
- 1,5 l alkoholu 60%
- 75 dag cukru

Przygotowanie:

Owoców nie myjemy, drylujemy je, pestkę zostawiając
w co dziesiątej węgierce. Śliwki przekładamy do słoja,
każdą lekko rozgniatając w dłoni, i zalewamy alkoholem.

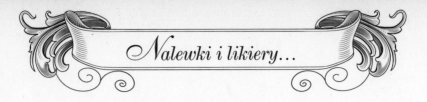
Słój zakręcamy i odstawiamy na nasłoneczniony parapet na około pół roku. Co kilka tygodni mocno potrząsamy naczyniem.

Po tym czasie nalewkę zlewamy, a śliwki zasypujemy cukrem. Słój ponownie odstawiamy w ciepłe miejsce i wstrząsamy nim kilka razy dziennie.

Gdy cukier zupełnie się rozpuści, zlewamy syrop, a owoce mocno odciskamy przez płótno. W ten sposób uzyskujemy lekki śliwkowy likier.

Słodkim śliwkowym likierem możemy dosłodzić nalewkę, lub – jeśli wolimy ją w wersji bardziej wytrawnej i mocnej – przechowywać go osobno.

Nalewkę odstawiamy do sklarowania i dojrzewania. Potrwa to nie krócej niż pół roku.

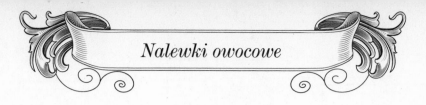

Nalewka ze śliwek gubinek

Śliwka gubinka to endemiczna odmiana śliwy rosnąca
w okolicach Gubina (woj. lubuskie) i Guben –
niemieckiego miasta po drugiej stronie Nysy Łużyckiej.

Babcia Helena z rosnących w jej poniemieckim ogrodzie
śliwek robiła pyszne powidła. Natomiast na półkach
mojego kredensu od kilku lat pojawia się doskonała
śliwkówka z gubinek.

Jeśli w połowie lipca zawitacie na środkowozachodnie
pogranicze, koniecznie narwijcie kosz tych cudownie
słodkich owoców.

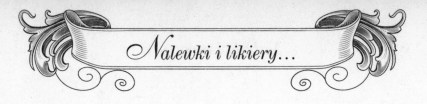

Proporcje:

- 3 kg śliwek gubinek
- 1,5 l alkoholu 70%
- 50 dag cukru

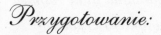

Przygotowanie:

Owoców nie myjemy, drylujemy je, zostawiając pestkę
w co czwartym. Wkładamy śliwki do słoja, każdą
rozgniatając delikatnie w palcach, i zalewamy alkoholem.
Słój szczelnie zamykamy i odstawiamy na nasłoneczniony
parapet na 6 tygodni. Co kilka dni potrząsamy naczyniem.

Po tym czasie zlewamy nalewkę z owoców, a śliwki
zasypujemy cukrem. Słój ponownie odstawiamy w ciepłe
miejsce. Wstrząsamy nim kilka razy dziennie.

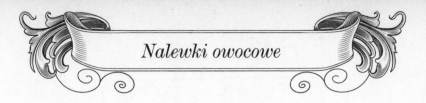

Gdy cukier zupełnie się rozpuści, zlewamy nalew, a owoce odciskamy przez płótno. Uzyskamy syrop łączymy z nalewką i odstawiamy do sklarowania.

Po około 2 miesiącach ściągamy nalewkę znad osadu, a osad filtrujemy przez bibułę lub filtr do kawy. Łączymy oba płyny. Może okazać się, że po jakimś czasie nalewkę będzie trzeba sklarować jeszcze raz.

Nalewka z gubinki dojrzewa stosunkowo szybko, gdyż już po 3 miesiącach możemy cieszyć się aromatycznym trunkiem o bursztynowym kolorze.

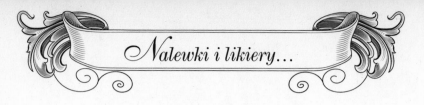
Nalewka z ciemnych winogron

przepis Zbigniewa Sierszuły

Do tej nalewki używamy winogron odmian rosnących w polskich ogrodach. Winogrona na nalewkę zbieramy późną jesienią, kiedy część owoców zmarszczy się już na gronach.

Proporcje:

- 3,5-4 l ciemnych winogron
- ok. 15 dag cukru
- 2-2,5 l alkoholu 60%

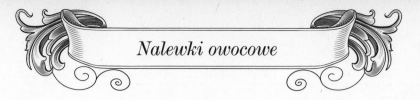

Przygotowanie:

Winogrona obrywamy z szypułek.
Nie myjemy! Pięciolitrowy słój
wypełniamy owocami w ¾ objętości,
dodajemy cukier i zalewamy
alkoholem, tak aby wypełnił on
naczynie. Odstawiamy na parapet.

Po 4 miesiącach nalew zlewamy, filtrując go przez gazę.
Winogrona zaś przepuszczamy przez sokowirówkę
lub odciskamy przez płótno*. Odciśnięty z owoców
alkohol filtrujemy i łączymy z nalewem.

Nalewka winogronowa powinna dojrzewać minimum rok.

* Jeśli zdecydujemy się odciskać owoce, warto założyć gumowe
rękawiczki – winogrona nasączone alkoholem bardzo drażnią skórę.

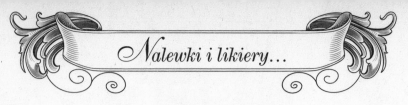
Jeżynówka

przepis Hieronima Błażejaka

Najlepsze na tę nalewkę będą polne jeżyny.
Owoce zbieramy, gdy są w pełni dojrzałe.
Wybieramy te duże i zdrowe.

Proporcje:

- 3 kg jeżyn
- 1 kg cukru
- 2,5 l alkoholu 55%

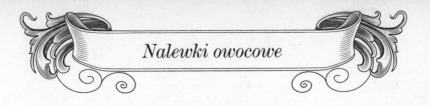

Przygotowanie:

Jeżyny zasypujemy w gąsiorze lub słoju cukrem, naczynie szczelnie zamykamy. Wstrząsamy nim od czasu do czasu.

Gdy cukier całkowicie się rozpuści, dolewamy alkohol. Nastaw umieszczamy w ciepłym miejscu na miesiąc.

Po tym czasie płyn zlewamy, a owoce mocno odciskamy przez płótno. Tak przygotowana nalewka powinna dojrzewać w chłodnym pomieszczeniu minimum pół roku.

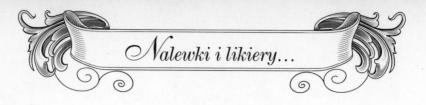
Nalewka z leśnych poziomek

przepis Hieronima Błażejaka

Proporcje w tym przepisie są dużo mniejsze
niż w recepturach na inne nalewki. Jeśli jednak uda się
nam zebrać litr dojrzałych dzikich poziomek, czujmy
się szczęśliwcami! Oczywiście, jeśli w leśnych ostępach
natkniemy się na porośniętą poziomkami wielką polanę,
proporcje zawsze możemy zwiększyć.

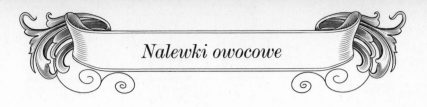

Nalewki owocowe

Proporcje:

- 1 l dojrzałych leśnych poziomek
- ok. 0,5 l alkoholu 70%
- 30 dag cukru
- 0,5 l wody
- sok z 1 cytryna

Przygotowanie:

Świeżo zebrane owoce przekładamy do niewielkiego słoja,
rozgniatamy, zalewamy alkoholem, tak aby całkowicie
zakrył poziomki. Naczynie stawiamy w słonecznym
i ciepłym miejscu na cały dzień. Na noc słój zabieramy
do domu.

Na drugi dzień rano nalew zlewamy, a owoce mocno
odciskamy przez płótno.

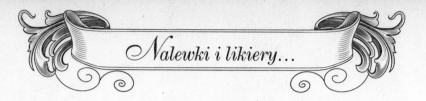
Na każdy litr uzyskanego w ten sposób nalewu
przygotowujemy w garnku syrop z 30 dag cukru
i 0,5 l wody.

Do gorącego syropu wlewamy sok z cytryny, a gdy tylko
trochę przestygnie, powoli dodajemy – ciągle mieszając
– alkoholowy wyciąg z poziomek. Studzimy w zimnej
wodzie.

Tak przygotowany trunek przechowujemy w zimnym
i ciemnym miejscu. Po upływie miesiąca ściągamy
nalewkę znad osadu, a osad filtrujemy.

Następnie pozwalamy poziomkówce dojrzewać pół roku.

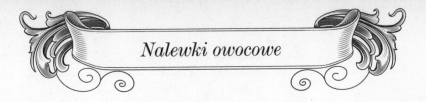
Nalewka malinowa z piołunem

Dodatek odrobiny ekstraktu piołunowego dodaje tej malinowej nalewce głębi. Gorycz piołunu podkreśla intensywną słodycz dojrzewających w letnim słońcu malin.

Najlepsze na nalewkę są dzikie maliny dojrzewające pod koniec lipca. W upalny, słoneczny dzień zbieramy niewielkie, aromatyczne owoce.

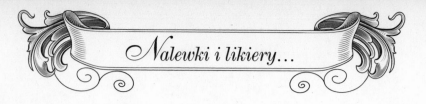

Nalewki i likiery...

Proporcje:

- 3 kg dojrzałych malin
- 1 kg cukru
- 1 l wody
- 1,5 l alkoholu 75%
- 4 dag ekstraktu piołunowego (s. 120)

Przygotowanie:

Malin nie myjemy. Rano wsypujemy je do dużego
słoja lub gąsiora i zalewamy wystudzonym
syropem przyrządzonym z wody i cukru. Stawiamy
na nasłonecznionym miejscu (na południowym
parapecie, w ogrodzie lub na balkonie). Owoce w syropie
powinny stać na słońcu do wieczora, na noc wstawiamy
naczynie do domu.

76

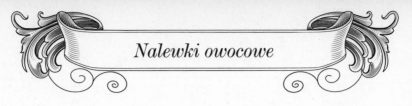

Następnego dnia rano wlewamy na owoce alkohol i dokładnie mieszamy. Słój stawiamy na parapecie na 2 tygodnie, pamiętając o tym, aby co kilka dni wymieszać jego zawartość.

Po tym czasie zlewamy nalew z owoców. Malin nie odciskamy*. Do nalewu dodajemy ekstrakt piołunowy (oczywiście możemy pominąć ten etap i delektować się doskonałą malinówką w czystej postaci).

Malinówki możemy skosztować na Boże Narodzenie, ale zdecydowanie lepsza będzie na Wielkanoc.

* Maliny po dwutygodniowej maceracji zmieniają barwę na niemal białą. W takiej postaci mogą być wspaniałym dodatkiem do lodów. Podane zaś na talerzyku stanowią niecodzienny deser do popołudniowej kawy.

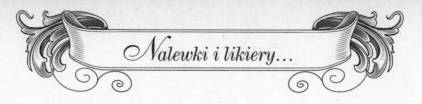

Nalewka
z borówki brusznicy

przepis Hieronima Błażejaka

Proporcje:

- *1 kg w pełni dojrzałych owoców borówki brusznicy*
- *1 l alkoholu 95%*
- *20 dag cukru*
- *1 l wody*

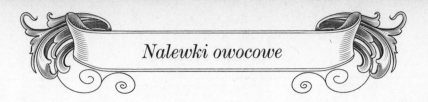

Przygotowanie:

Jagody borówki brusznicy
oczyszczamy starannie
z ogonków i liści.
Wsypujemy je do słoja
lub gąsiora i zalewamy
alkoholem. Maceracja trwa tak długo, aż owoce stracą
kolor – około 2 miesięcy.

Po upływie tego czasu zlewamy nalew, a jagody
odciskamy przez płótno.

Przygotowujemy syrop z wody i cukru. Po wystudzeniu
łączymy go z nalewem i płynem wyciśniętym
z owoców. Dokładnie mieszamy, zamykamy w gąsiorze
i odstawiamy do dojrzewania na minimum pół roku.

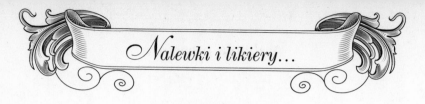

Nalewka żurawinowa

przepis Janusza Łakomca

*Do tej nalewki żurawiny muszą być w pełni dojrzałe.
Zbieramy je najwcześniej w październiku, a najlepiej
po pierwszym przymrozku.*

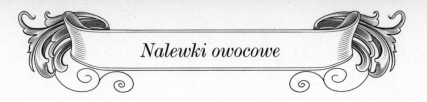

Proporcje:

- 1 kg żurawin
- 1 l alkoholu 45%
- 3 szklanki cukru
- 0,3 l spirytusu 95%

Przygotowanie:

Żurawiny lekko przepłukujemy wystudzoną przegotowaną wodą i osączamy. Rozgniatamy je tłuczkiem i przekładamy do słoja lub gąsiora. Żurawin nie należy mielić, gdyż uszkodzone pestki dałyby nalewce nieprzyjemną gorycz.

Owoce zalewamy alkoholem 45%. Słój stawiamy na parapecie. Przez kolejne 3 miesiące codziennie mieszamy nalewkę, poruszając zakręconym naczyniem.

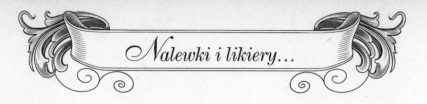

Po tym czasie nalew zlewamy, a owoce dokładnie odciskamy przez płótno. Wlewamy uzyskany płyn do garnka, wsypujemy cukier*, podgrzewamy, mieszając, na bardzo małym ogniu. Gdy tylko cukier się rozpuści, zdejmujemy garnek z ognia, przykrywamy i studzimy.

Do wystudzonego płynu dodajemy spirytus. Tak przygotowaną nalewkę przelewamy do gąsiora (najlepiej ciemnego) i odstawiamy w ciemne miejsce na minimum 4-5 miesięcy.

Po tym czasie czystą nalewkę ściągamy znad osadu. Trunek gotowy jest już do picia, ale dłuższe dojrzewanie niewątpliwie doda mu harmonii i głębi.

* Jeśli lubimy słodkie likiery, możemy dodać do nalewki nawet 6 szklanek cukru. Pamiętajmy jednak, by jednocześnie zwiększyć ilość dolewanego spirytusu do 0,5 l.

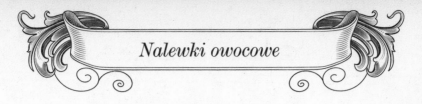

Nalewka
z czeremchy amerykańskiej

przepis Janusza Łakomca

*Czeremcha amerykańska rośnie w lasach całej Polski.
Nietrudno ją znaleźć, gdyż rozprzestrzenia się jak chwast.
Wybieramy rośliny występujące na nasłonecznionych
skrajach lasów i polanach. Owoce zbieramy w pierwszej
połowie września.*

Proporcje:

- 3,5-4 l owoców czeremchy amerykańskiej
- 2-2,5 l alkoholu 45%
- 50 dag cukru

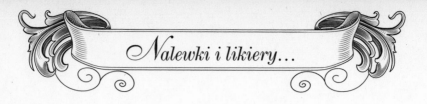

Przygotowanie:

Na wstępie czeka nas benedyktyńska praca – pojedyncze owoce czeremchy musimy obrać z gron. Wsypujemy je do słoja lub gąsiora do ¾ jego objętości i zalewamy alkoholem, tak aby zapełnić naczynie.

Tak przygotowany nastaw stawiamy na słońcu na 4 tygodnie. Co jakiś czas potrząsamy słojem, mieszając jego zawartość.

Po zakończeniu maceracji nalew zlewamy, a na owoce w słoju wsypujemy cukier. Przez 6-10 dni codziennie potrząsamy naczyniem, czekając, aż cukier całkowicie się rozpuści.

Zlewamy syrop, odciskając owoce przez płótno, i mieszamy go z nalewem. Alkohol odstawiamy na kilka tygodni do wyklarowania.

Po tym czasie ściągamy trunek znad zanieczyszczeń. Nalewka z czeremchy powinna dojrzewać przynajmniej rok.

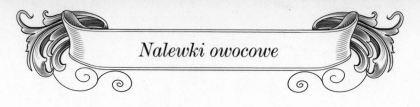
Dereniówka

przepis Zbigniewa Sierszuły

Dojrzałe owoce derenia jadalnego zbieramy w drugiej połowie września. Najlepiej rozścielić płachtę pod drzewem, gdy owoce zaczynają opadać.

Proporcje:
nalew właściwy
- 3,5-4 l owoców derenia jadalnego
- 15 dag cukru
- 2-2,5 l alkoholu 70%

likier
- owoce z nalewu
- 50 dag cukru
- ok. 2 l alkoholu 40%

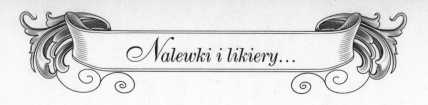
Przygotowanie:

Każdy owoc nakłuwamy
wielokrotnie i z każdej
strony ostrym widelcem
lub wykałaczką. Derenia
wsypujemy do pięciolitrowego
słoja, tak aby zapełnić go w ¾,
a następnie przesypujemy 15 dag cukru.
Naczynie odstawiamy na parapet i czekamy
około tygodnia, aż owoce puszczą sok, a cukier
całkowicie się rozpuści.

Zalewamy owoce alkoholem 70%, tak aby całkowicie
wypełnić słój, odstawiamy go na parapet na 10-12 miesięcy.

Po tym czasie nalew zlewamy, filtrując go przez bibułę.
Na pozostałe w słoju owoce wsypujemy 50 dag cukru.
Po mniej więcej tygodniu, gdy cukier zupełnie się

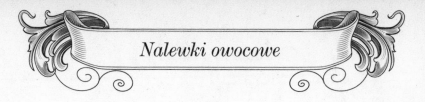
rozpuści, zalewamy owoce taką ilością alkoholu 40%,
aby dokładnie je zakryć. Stawiamy słój na parapecie
i czekamy 2 miesiące.

Po tym czasie likier zlewamy, filtrując go przez bibułę.
Do pierwszego nalewu dodajemy tyle likieru, aby otrzymać
odpowiadający naszym gustom poziom słodyczy*.

Dereniówka powinna dojrzewać przynajmniej pół
roku. Jeśli jednak jesteśmy cierpliwi, po około 2 latach
dojrzewania zaczniemy w niej wyczuwać niepowtarzalny
czekoladowy smak.

* Pozostały po kupażowaniu likier doskonale sprawdza się jako
dodatek do deserów. Smakował będzie tym, którzy szczególnie
cenią słodkie trunki.

Tarninówka

przepis Hieronima Błażejaka

Tarninę zbieramy po przymrozkach – gdy śliwki są już miękkie. Kwiaty głogu też najlepiej samemu zebrać wiosną i ususzyć.

Proporcje:

- *4 kg owoców tarniny*
- *1 kg cukru*
- *3,6 l alkoholu 60%*
- *20 g kwiatów głogu*
- *skórka starta z 2 cytryn*
- *ok. 2 l alkoholu 40%*

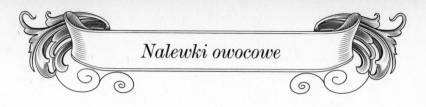
Przygotowanie:

Owoce tarniny starannie
oddzielamy od ogonków,
umieszczamy w dużym słoju,
zasypujemy cukrem i zalewamy
alkoholem 60%. Dodajemy kwiaty głogu
i skórkę z cytryn. Odstawiamy nalew na 10 tygodni.

Po tym czasie nalew zlewamy, a owoce zalewamy
ponownie taką ilością alkoholu 40%, aby je przykryć.

Po miesiącu zlewamy drugi nalew, odciskamy owoce
przez płótno i łączymy ze sobą płyny.

Po około miesiącu klarowania w temperaturze pokojowej
nalewkę ściągamy znad osadu, a sam osad filtrujemy.

Tarninówka powinna dojrzewać przynajmniej rok
w zimnym i ciemnym miejscu.

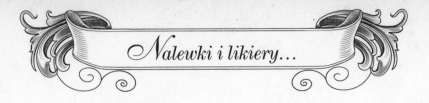
Żenicha kresowa, czyli nalewka z owoców dzikiej róży

*Na kresach zgodnie z tradycją żenichę nastawiały
własnoręcznie panny na wydaniu. Gąsiorek z nalewką
z owoców dzikiej róży na parapecie stanowił sygnał dla
zainteresowanych kawalerów, że mogą rozpocząć oficjalne
starania o rękę wypatrzonej dziewczyny. Poczęstunek
nalewką był zdecydowaną zachętą do dalszych zabiegów.
Nalewkę z owoców dzikiej róży warto jednak nastawić
niezależnie od wieku i stanu cywilnego!*

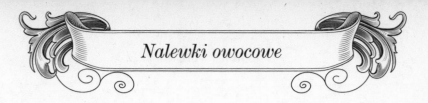

Nalewki owocowe

Proporcje:

- 2 kg w pełni dojrzałych owoców dzikiej róży
- 1,5 l alkoholu 95%
- 1 l alkoholu 40%
- 1 l miodu wielokwiatowego, lipowego lub akacjowego
- 1 l wody
- 1 płaska łyżka suszonego kwiatu rumianku
- 2 płaskie łyżeczki suszonej mięty pieprzowej

Przygotowanie:

Owoce dzikiej róży zbieramy na przełomie września i października, wkładamy na noc do zamrażalnika.

Następnie rozmrażamy je i nakłuwamy każdy w kilku miejscach ostrym widelcem lub wykałaczką. Różę, rumianek i miętę zalewamy w gąsiorze alkoholem 95%.

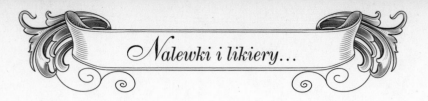

Naczynie odstawiamy w ciepłe miejsce na 5 tygodni.
Po tym czasie zlewamy nalew, a owoce odciskamy przez
płótno.

Przygotowujemy syrop z miodu i wody, a gdy przestygnie,
łączymy go z alkoholem 40%, nalewem oraz sokiem
odciśniętym z owoców. Całość dokładnie mieszamy,
przelewamy do gąsiora i odstawiamy na miesiąc.

Po tym czasie zlewamy klarowną nalewkę, a powstały
na dnie osad filtrujemy przez bibułę lub bawełnianą watę.

Od tego momentu nalewka powinna dojrzewać
przynajmniej pół roku. Jeśli mamy w domu pannę
na wydaniu – późną wiosną gąsiorek z żenichą możemy
już postawić na parapecie.

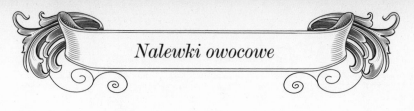

Słodki jarzębiak

*Choć tam je najczęściej widzimy, w żadnym
wypadku nie używajmy owoców jarzębiny z drzew
rosnących przy drogach czy placach w centrach miast.
Jeśli nie mamy jarzębiny w ogrodzie, poszukajmy jej
przy starych polnych duktach i na obrzeżach lasów.
Tylko takie, czyste owoce nadają się na nalewkę.*

*Idealnie byłoby zebrać jarzębinę już po pierwszych
przymrozkach, ale ptaki również uważają ją
za przysmak i mogą być pierwsze. Zbierzmy więc
owoce jak najpóźniej, w październiku – gdy są już
w pełni dojrzałe.*

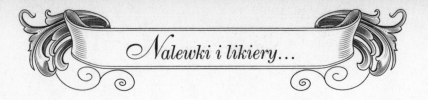

Proporcje:

- 1,5 l owoców jarzębiny
- 2 l alkoholu 95%
- 1 l wody
- 1 kg cukru
- sok z 1 cytryny
- ew. 1 kora cynamonowa i 5-6 goździków

Przygotowanie:

Obraną z ogonków jarzębinę wkładamy na kilka dni do zamrażalnika, następnie pozwalamy jej odtajać i obeschnąć.

Owoce rozsypujemy równomiernie na blasze i wkładamy do ciepłego, ale nie gorącego piekarnika.

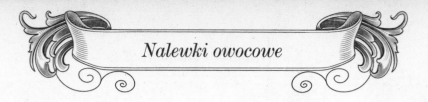

Gdy przywiędną, przesypujemy je do słoja i zalewamy alkoholem. Możemy też dodać do nastawu korę cynamonową i kilka goździków.

Po trzymiesięcznej maceracji, w czasie której kilkakrotnie należy mocno potrząsnąć słojem, nalew zlewamy, a owoce zgniatamy i odciskamy przez płótno.

Przygotowujemy syrop, zagotowując wodę z cukrem. Do jeszcze gorącego syropu wlewamy zlany z owoców alkohol, dokładnie mieszamy, dodajemy sok z cytryny. Garnek przykrywamy i pozostawiamy do wystygnięcia.

Nalewkę przelewamy do gąsiora i szczelnie korkujemy. Tak przygotowany jarzębiak powinien dojrzewać w zimnej piwnicy przynajmniej pół roku. Po miesiącu dojrzewania klarujemy nalewkę, ściągając ją znad osadu, a sam osad filtrujemy przez bibułę lub filtry do kawy.

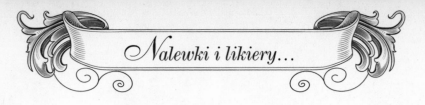

Orzechówka

*Nalewka z młodych orzechów włoskich, jeśli pozwolimy
jej dojrzeć, doskonale smakuje, a dodatkowo wspaniale
poprawia trawienie i dobrze wpływa na wszelkie
dolegliwości żołądkowe.*

*Jeszcze miękkie, zielone orzechy zbieramy w drugim
tygodniu lipca.*

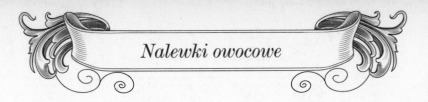
Proporcje:

- 1 kg zielonych orzechów włoskich
- 1 l alkoholu 70%
- 15 dag cukru
- 2 l wódki żytniej 40%

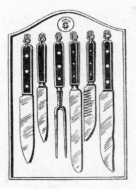

Przygotowanie:

Orzechy kroimy ostrym nożem na niezbyt drobne kawałki*, przekładamy do gąsiora, wlewamy alkohol 70%. Naczynie szczelnie korkujemy i odstawiamy na około 5 tygodni. W tym czasie co kilka dni potrząsamy gąsiorem, aby dokładnie wymieszać jego zawartość.

Następnie zlewamy klarowny, ciemnobrązowy nalew i tak sporządzoną zaprawę odstawiamy do dalszego dojrzewania na 2-3 miesiące.

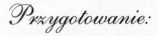

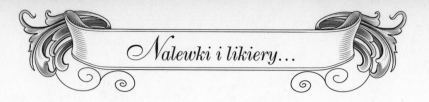

Po tym czasie sporządzamy syrop cukrowy, rozpuszczając
w garnku 10 dag cukru z kilkoma łyżkami wody.
W osobnym rondelku przygotowujemy karmel,
przepalając 5 dag cukru. Karmel dodajemy do ciepłego
syropu i mieszając, doprowadzamy do całkowitego
rozpuszczenia.

W dużym gąsiorze łączymy wystudzony syrop cukrowy
z zaprawą orzechową i wódką. Szczelnie zakorkowanym
gąsiorem mocno potrząsamy.

Tak przygotowana orzechówka powinna dojrzewać
przynajmniej rok. Po tym czasie jej początkowa ostrość
zostanie stonowana, a smak nabierze głębi i harmonii.

* Młode orzechy najlepiej kroić w gumowych rękawiczkach,
aby chronić dłonie przed mocno barwiącym ciemnobrązowym
sokiem, któremu orzechówka zawdzięcza swą piękną barwę.

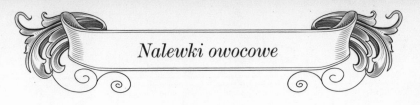
Likier
z orzechów włoskich

*Gości lubiących słodkie i bardzo słodkie nalewki
możemy poczęstować po posiłku mocnym likierem
z młodych orzechów włoskich. Zielone orzechy zbieramy
w drugim tygodniu lipca, gdy są jeszcze miękkie i dają się
krajać nożem.*

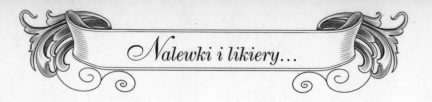

Nalewki i likiery...

Proporcje:

- 1 kg zielonych orzechów włoskich
- 2 l alkoholu 95%
- 1 kg cukru
- 1 l wody
- 10 cm kory cynamonowej
- 1 gałka muszkatołowa
- ½ gwiazdki anyżu
- 5 goździków

Przygotowanie:

Orzechy kroimy w dość grubą kostkę* i wsypujemy do gąsiora. Dodajemy potłuczone w moździerzu: korę cynamonową, gałkę muszkatołową, goździki oraz anyż. Orzechy i przyprawy zalewamy alkoholem. Gąsior korkujemy i odstawiamy w ciepłe miejsce.

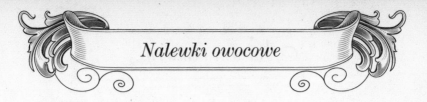
Podczas trwającego około 6 tygodni procesu maceracji
co kilka dni mocno wstrząsamy naczyniem. Po tym czasie
nalew zlewamy, filtrując go przez złożoną gazę.

W dużym garnku rozpuszczamy w wodzie cukier
i zagotowujemy. Do gorącego jeszcze syropu ostrożnie
przelewamy orzechowy nalew, dokładnie mieszamy
i studzimy, wstawiając garnek do miski z bardzo zimną wodą.

Wystudzoną nalewkę przelewamy do gąsiora i pozwalamy
jej dojrzewać w ciemnym miejscu przynajmniej rok.

* Młode orzechy najlepiej kroić w gumowych rękawiczkach,
aby chronić dłonie przed mocno barwiącym ciemnobrązowym
sokiem, któremu orzechówka zawdzięcza swą piękną barwę.

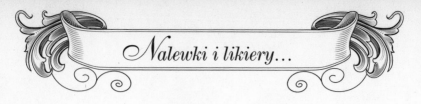
Ratafia
z dzikich owoców

przepis Dariusza Brusa

Ratafie to wieloowocowe nalewki przygotowywane przez wiele miesięcy. Kolejne gatunki owoców dodajemy do gąsiora w miarę ich dojrzewania – zwykle od późnej wiosny aż do zimy. By liczne smaki i aromaty ratafii osiągnęły pożądaną harmonię, potrzebne jest często wieloletnie dojrzewanie.

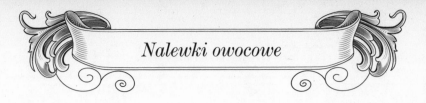

Nalewki owocowe

Proporcje:

- po 50 dag suszonych owoców głogu, derenia, dzikiej róży, śliwek, tarniny, żurawin

- 10 dag suszonej jarzębiny

- po 20 dag świeżych owoców berberysu, czarnego bzu, borówki brusznicy, czeremchy, derenia, głogu, rajskich jabłek, jagód, jeżyn, malin, mirabelek, poziomek, dzikiej róży, tarniny, żurawin

- 4,25 l alkoholu 70%
- 1,5 kg cukru
- 1 l wody

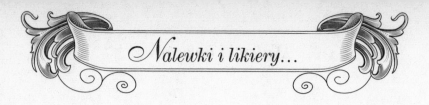

Nalewki i likiery...

Przygotowanie:

Z początkiem wiosny do dużego gąsiora wsypujemy
suszone owoce: głóg, dereń, dziką różę, śliwki, tarninę,
żurawiny i jarzębinę, wlewamy na nie 0,5 l alkoholu.

Świeże owoce dosypujemy do gąsiora w miarę ich
dojrzewania, oczyszczając je wcześniej z ogonków
i szypułek. Berberys, dzika róża, tarnina i żurawiny
powinny być dodatkowo lekko przemrożone, więc
jeśli nie zbieramy ich po przymrozkach, wkładamy je
do zamrażarki przynajmniej na jedną noc. Owoców
nie rozdrabniamy i nie nakłuwamy. Na każde dosypanie
20 dag owoców wlewamy 0,25 l alkoholu.

Dopóki dni i noce są ciepłe, gąsior trzymamy na słońcu.
Pod koniec lata przenosimy go w ciepłe miejsce.

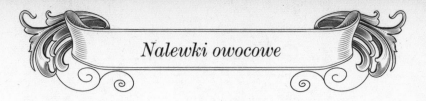

Po wsypaniu ostatniej porcji owoców, co ma miejsce
na przełomie jesieni i zimy, pozostawiamy nalew
w spokoju na 3 miesiące.

Po tym czasie zlewamy alkohol, pozostawiając owoce
w gąsiorze. Przygotowujemy syrop z wody i cukru.
Gdy wystygnie, zalewamy nim owoce w gąsiorze.

Po miesiącu zlewamy nalew, a owoce odciskamy przez
płótno. Płyny łączymy i odstawiamy na kilka tygodni.

Następnie ściągamy klarowną nalewkę znad osadu, a osad
filtrujemy przez bibułę lub filtry do kawy.

Gąsior ze sklarowaną nalewką odstawiamy do dojrzewania.
Po pół roku ratafia jest gotowa do pierwszej degustacji,
ale im dłużej postoi, tym będzie lepsza.

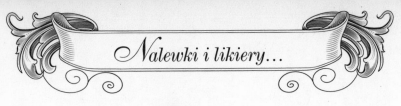

Ratafia
Cztery pory roku

przepis z piwniczki Lecha Gogolewskiego

Ratafię często nazwa się „królową nalewek".
Jej przygotowanie nie jest trudne, ale wymaga czasu
i dyscypliny. Musi ona dojrzewać bardzo długo,
by wszystkie zawarte w niej smaki i aromaty
osiągnęły harmonię.

Zabierając się za przygotowanie tej nalewki, musimy
zaopatrzyć się w duży, piętnastolitrowy gąsior
z szeroką szyjką.

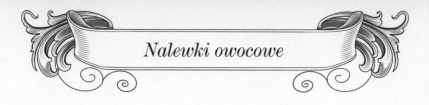

Nalewki owocowe

Proporcje:

- po 50 dag truskawek, poziomek, jeżyn, czarnych i czerwonych porzeczek, malin, wiśni, mirabelek, renklod, moreli, brzoskwiń, gruszek ulęgałek, jabłek antonówek oraz tarniny

- 7 l alkoholu 50%
- 90 dag cukru

107

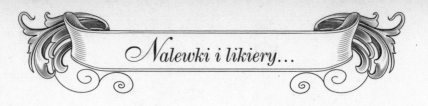

Przygotowanie:

W drugiej połowie maja
pozbawione szypułek wczesne
truskawki wsypujemy do słoja,
zasypujemy je 5 dag cukru
i zalewamy 0,5 l alkoholu.
Tak samo postępujemy
z kolejno dojrzewającymi owocami, wypełniając słój
warstwami.

Pamiętajmy o tym, aby owoce odpowiednio oczyścić:
porzeczki pozbawiać szypułek; wiśnie, mirabelki,
renklody, morele i brzoskwinie – pestek, a jabłka i gruszki
– gniazd nasiennych. Większe owoce, takie jak jabłka
i gruszki, kroimy na ósemki.

Ostatni owoc – tarninę – dodajemy już po pierwszych
przymrozkach.

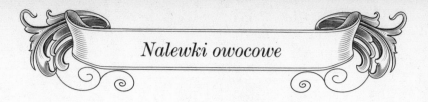

Czekamy jeszcze 2 miesiące i zlewamy nalew. Pozostałe w naczyniu owoce zasypujemy 20 dag cukru i dokładnie mieszamy.

Po tygodniu zlewamy uzyskany syrop, odciskając owoce przez płótno. Syrop filtrujemy i dosładzamy nim nalewkę według uznania.

Ratafia powinna dojrzewać przynajmniej rok. Pełnię swojej harmonii osiąga jednak dopiero po 4-5 latach.

Nalewki

na ziołach i kwiatach

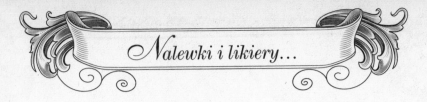
Nalewka miętowa

przepis Janusza Łakomca

Miętówka to jedna z niewielu nalewek, która najlepiej wygląda i smakuje zaraz po zrobieniu. Nie powinna leżakować.

Miętę pieprzową – zresztą tak jak wszystkie zioła – zbieramy w suche, słoneczne dni, przed południem, ale po odparowaniu porannej rosy.

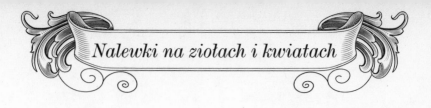

Przygotowanie:

Do słoja wkładamy świeżo zerwaną, opłukaną i dokładnie osuszoną miętę. Nie upychamy jej – wręcz przeciwnie – słój powinien być wypełniony dość luźno.

Miętę zalewamy alkoholem 45%, około 1 cm nad jej powierzchnię. Słój odstawiamy do ciemnego pomieszczenia na około 7 dni.

Po tym czasie zlewamy nalewkę przez gazę do karafki lub butelek. Do momentu podania trzymamy w ciemnym miejscu.

Intensywnie zieloną i aromatyczną miętówkę podajemy schłodzoną do posiłków oraz deserów.

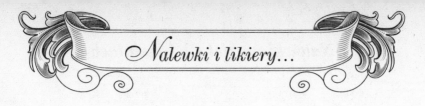
Nalewka z arcydzięgla

przepis Hieronima Błażejaka

*Jeśli mamy ogród, warto zadbać o to, aby znalazło się
w nim miejsce dla pięknych i okazałych roślin
arcydzięgla lekarskiego. Występujący w naturze jest
bowiem w Polsce pod ścisłą ochroną. Korzeń tej
aromatycznej rośliny znajdzie zastosowanie
przy doprawianiu wielu nalewek.*

*Warto też mieć w kredensie wytrawną dzięglówkę –
doskonałą na pobudzenie apetytu gości przed sutą kolacją.*

Nalewkę z arcydzięgla nastawiamy w maju.

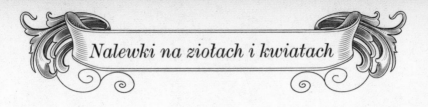

Proporcje:

- 5 dag korzenia arcydzięgla
- 12 dag łodygi arcydzięgla
- 3 l alkoholu 45%
- 5 ziaren kardamonu
- cienko skrojona skórka z ½ pomarańczy

Przygotowanie:

Korzeń oraz łodygę arcydzięgla kroimy, wrzucamy do słoja i zalewamy alkoholem.

Po 2 tygodniach zlewamy nalew i zalewamy nim kardamon oraz skórkę z pomarańczy.

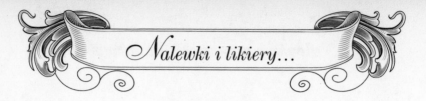

Po kolejnych 5 tygodniach usuwamy przyprawy,
a nalewkę pozostawiamy w słoju do sklarowania.

Potem zlewamy ją znad osadu, osad filtrujemy,
a uzyskany płyn dodajemy do nalewki.

Tak przyrządzony trunek powinien dojrzewać
przynajmniej pół roku.

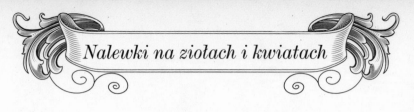
Kminkówka

Wytrawna kminkówka podana w szklance z kilkoma kostkami lodu sprawdza się doskonale jako aperitif.

Proporcje:

- 2 l alkoholu 45%
- 5 dag kminku
- 20 ziaren kolendry
- 10 ziaren kardamonu
- cienko skrojona skórka z ½ pomarańczy
- ¼ gałki muszkatołowej
- ½ gwiazdki anyżu
- 1 łyżka cukru

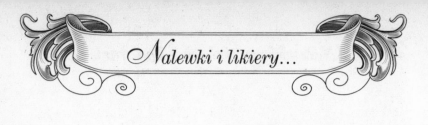

Przygotowanie:

Przyprawy niezbyt mocno rozdrabniamy w moździerzu,
przesypujemy do gąsiora. Dodajemy skórkę z pomarańczy
i cukier. Składniki zalewamy alkoholem i odstawiamy
zakorkowane naczynie w ciepłe miejsce na 6-8 tygodni.
Od czasu do czasu mieszamy nalew, potrząsając
energicznie gąsiorem.

Po tym czasie filtrujemy nalewkę przez bawełnianą watę
i rozlewamy do butelek.

Kminkówka nie musi dojrzewać zbyt długo. Już po kilku
tygodniach nadaje się do picia.

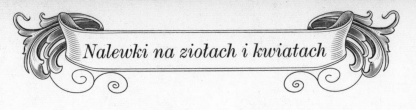

Piołunówka

przepis Janusza Łakomca

*By zawsze móc szybko przygotować doskonałą
piołunówkę, warto późną wiosną zadbać o to,
by w naszym kredensie znalazła się flaszka
z ekstraktem piołunowym.*

*Na przełomie wiosny i lata zbieramy młode, długości
15-20 cm pędy piołunu (Artemisia absinthium).
Piołun – zresztą tak jak wszystkie zioła – zbieramy
w suche, słoneczne dni, przed południem,
ale po odparowaniu porannej rosy.*

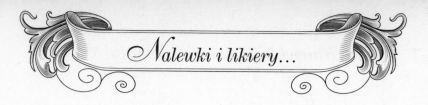

Przygotowanie:

ekstrakt

Delikatnie opłukane i dokładnie
osuszone pędy piołunu układamy
dość ściśle w litrowym słoju,
nie wypełniając go jednak
po brzegi. Zalewamy je czystym spirytusem około
1 cm nad powierzchnię ziół. Słój przenosimy w ciemne
miejsce, pozostawiamy na 7-10 dni.

Po tym czasie zlewamy ekstrakt przez gazę do butelek
z kamionki lub ciemnego szkła, dodatkowo owiniętych
folią aluminiową. Chroniąc ekstrakt przed światłem,
pozwolimy mu zachować piękny ciemnozielony kolor.

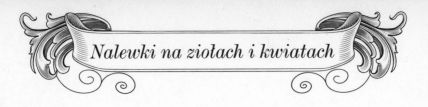
nalewka

Aby z bardzo intensywnego ekstraktu uzyskać nadającą
się do picia piołunówkę, do 1 l wódki 40% dodajemy
około 5 dag ekstraktu. Proporcje należy dostosować
do indywidualnych upodobań.

Piołunówka doskonale wpływa na trawienie. Warto
podać ją delikatnie schłodzoną do złożonego z tłustych
potraw obiadu.

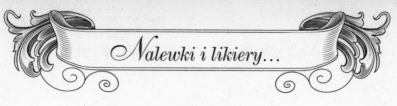
Nalewka
z kwiatów dzikiej gruszy

przepis Hieronima Błażejaka

Dzikich grusz szukajmy przy polnych traktach. Najłatwiej odnaleźć drzewa wczesną jesienią, gdy owocują. Po kwiaty wracamy do nich wiosną. Dzika grusza, w zależności od roku i mikroklimatu, kwitnie między połową kwietnia a drugim tygodniem maja.

Kwiaty gruszy zbieramy w słoneczny dzień, gdy obeschną po porannej rosie. Staramy się zbierać jedynie te w pełni rozwinięte, ale nie przekwitnięte. Robimy to ostrożnie, by nie strząsnąć cennego pyłku.

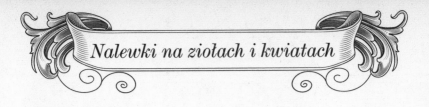

Proporcje:

- 10 dag kwiatów dzikiej gruszy
- 2 małe cytryny
- 75 dag cukru
- 0,75 l wody
- 1 l alkoholu 95%
- 2 cm korzenia arcydzięgla
- 0,25 l wytrawnej nalewki z pigwy (patrz s. 37)

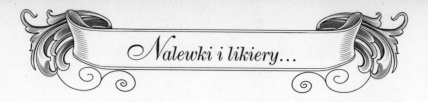

Przygotowanie:

Dzień przed zbiorem kwiatów przygotowujemy syrop
z cukru i wody. Odstawiamy go do wystudzenia.

Natychmiast po przyjściu do domu z kwiatami zabieramy
się za nastawienie nalewki.

Po dokładnym wyszorowaniu parzymy cytryny.
Kroimy je w cienkie plastry, usuwając pestki końcówką
ostrego noża.

Kwiaty przekładamy w słoju plasterkami cytryn
i zalewamy sporządzonym dzień wcześniej syropem.
Słój zakręcamy i odstawiamy na 10 dni. Codziennie
mieszamy nalew łyżką.

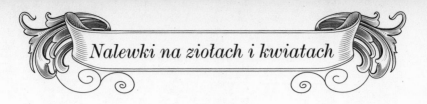

Po tym czasie zlewamy syrop z kwiatów i łączymy go
z alkoholem, korzeniem arcydzięgla i wytrawną nalewką
z pigwy. Naczynie zakręcamy, mocno nim wstrząsamy
i odstawiamy na 2 miesiące.

Klarowny nalew ściągamy, a powstały na dnie osad
filtrujemy przez bibułę. Oba płyny łączymy.

Tak przygotowana nalewka powinna dojrzewać
minimum 3 miesiące.

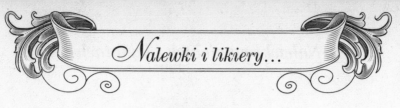

Hyćka,
czyli nalewka
z kwiatów czarnego bzu

*Choć dziki czarny bez można znaleźć właściwie
wszędzie, do sporządzenia tej nalewki wybierzmy
kwiaty z krzewów rosnących w lasach, na łąkach
czy przy polnych ścieżkach. To ważne, gdyż kwiatów
na nalewkę nie płuczemy.*

*Dzień zbioru kwiatów powinien być słoneczny i suchy.
Wybieramy te prawie w pełni rozkwitnięte,
ale nieprzekwitające jeszcze baldachy. Potrzebujemy
50 całych kwiatostanów. Ostrożnie – by nie strącić
pyłku – wkładamy je do przewiewnego kosza.*

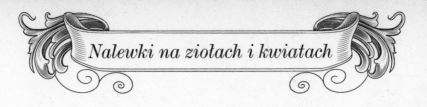

Proporcje:

- 50 baldachów kwiatów czarnego bzu
- 1 kg cukru
- 1,5 l wody
- 1,5 l alkoholu 95%
- 3 dorodne cytryny
- sok z 2-3 limonek

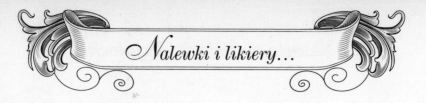
Przygotowanie:

Dzień przed zbiorem kwiatów przygotowujemy syrop
z wody i cukru. Odstawiamy go do wystudzenia.

Natychmiast po przyjściu do domu z kwiatami zabieramy
się za nastawienie nalewki.

Po dokładnym wyszorowaniu parzymy cytryny.
Kroimy je w cienkie plastry, usuwając pestki końcówką
ostrego noża.

W szerokim słoju z jasnego szkła układamy na przemian
warstwami kwiaty czarnego bzu i plasterki cytryny. Całość
zalewamy przygotowanym dzień wcześniej syropem.

Ujście słoja obwiązujemy gazą lub płótnem,
aby zabezpieczyć nastaw przed owadami, i stawiamy
naczynie na nasłonecznionym parapecie na 5-7 dni.
Codziennie mieszamy nalew, aby spowolnić nieuniknioną
fermentację.

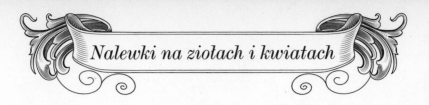

Po tym czasie zlewamy syrop do gąsiora, odciskając kwiaty i plasterki cytryny przez płótno lub gęstą gazę.

Do syropu dodajemy alkohol i sok z limonek. Dokładnie mieszamy i odstawiamy na 3 miesiące.

Następnie nalewkę ściągamy znad osadu, a osad filtrujemy przynajmniej dwukrotnie przez gęstą gazę.

Tak przygotowana nalewka nadaje się już do picia, ale nim poczęstujemy nią zacnych gości, pozwólmy jej dojrzewać przynajmniej pół roku.

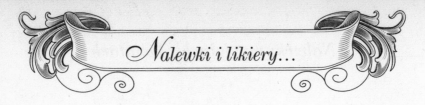
Likier
z płatków dzikiej róży

Do tej nalewki używamy płatków dzikiej róży
„cukrowej". Kwiaty zbieramy trzykrotne, sporządzając
każdy nalew ze świeżych płatków.
Wybieramy najpiękniejsze, jeszcze nie w pełni
rozkwitnięte kwiaty.

Proporcje:

- *3 x 20 dag płatków dzikiej róży*
- *1 l alkoholu 95%*
- *80 dag cukru*
- *0,6 l wody*
- *sok z 1 cytryny*

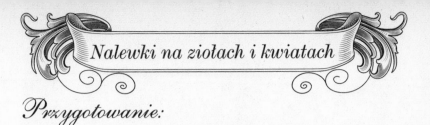
Przygotowanie:

Płatków róży nie płuczemy. 20 dag zaraz po zebraniu pozbawiamy żółtych końcówek i układamy w słoju. Płatki zalewamy alkoholem, a słój szczelnie zakręcamy i stawiamy na nasłoneczniony parapet.

Po 3-4 dniach zlewamy nalew, delikatnie odciskając płatki przez gazę. Do słoja wkładamy kolejną porcję płatków (20 dag) i zalewamy zlanym z poprzedniej porcji alkoholem. Ponownie odstawiamy słój na parapet i czekamy 3-4 dni. Cały zabieg powtarzamy jeszcze raz, używając trzeciej porcji płatków (20 dag) i tego samego alkoholu.

Po trzecim zlaniu nalewu przygotowujemy syrop z cukru i wody. Gdy przestygnie, łączymy go z różanym nalewem i sokiem z cytryny. Przelewamy do gąsiora i odstawiamy w ciemne miejsce na minimum 3 miesiące.

Po tym czasie ściągamy nalewkę znad osadu i butelkujemy. Jeśli pozwolimy likierowi dojrzewać kolejne 3 miesiące, jego bogaty aromat i intensywna słodycz osiągną pełną harmonię.

Inne

nalewki

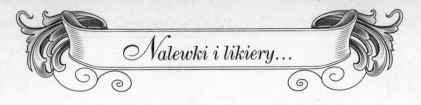

Miodówka
korzenna

*Kieliszek tej świątecznej, mocno rozgrzewającej nalewki
pozwoli nam błyskawicznie odtajać po powrocie
z pasterki. Pamiętajmy jednak, że aby móc delektować się
miodówką w Boże Narodzenie, należy nastawić ją
najpóźniej w okolicach Wielkanocy.*

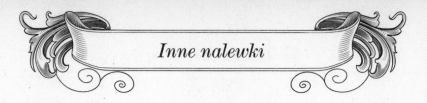
Proporcje:

- 0,75 l miodu
- 0,5 l wody
- 2 l alkoholu 80%
- cienko skrojona skórka z 1 pomarańczy
- 1 gruba kora cynamonowa
- 5 cm korzenia imbiru
- 4 goździki
- ½ gałki muszkatołowej
- 10 ziaren czarnego pieprzu
- 1 gwiazdka anyżu

Przygotowanie:

Miód wraz z wodą, obranym i pokrojonym w płatki
imbirem oraz skórką z pomarańczy podgrzewamy
(nie gotujemy) w rondlu na małym ogniu. Powstały syrop
szumujemy.

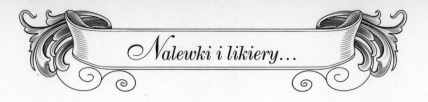

Cynamon, anyż, gałkę muszkatołową i goździki
rozdrabniamy w moździerzu.

Wystudzony syrop przelewamy do słoja lub gąsiora,
dodajemy rozdrobnione przyprawy i całe ziarna pieprzu,
wlewamy alkohol. Składniki dokładnie mieszamy.
Naczynie szczelnie zamykamy i odstawiamy do piwnicy
na 3 miesiące. Przez pierwszy miesiąc co jakiś czas
potrząsamy słojem, aby dokładnie wymieszać jego
zawartość.

Następnie ściągamy nalew znad osiadłych na dnie
naczynia przypraw. Osad z przyprawami filtrujemy
i czysty płyn łączymy z nalewem.

Aby aromat i smak tej mocno przyprawianej nalewki
osiągnęły odpowiednią harmonię, powinna ona dojrzewać
przynajmniej pół roku. Jeśli sięgniemy po miodówkę
po 2 latach, będziemy bardzo mile zaskoczeni.

Likier
pomarańczowo-kawowy

*To łatwa w przygotowaniu i popularna nalewka,
którą można nastawić niezależnie od sezonu.
Jeśli nastaw umieścimy w ładnym słoju, będzie
on stanowić niebanalną ozdobę kuchni lub jadalni,
wzbudzając zaciekawienie gości.*

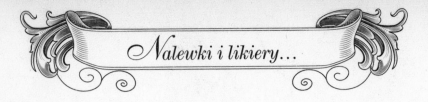

Proporcje:

- 3 duże pomarańcze
- 12 dag kawy w ziarnach
- 50 dag cukru
- 0,75 l wody
- 1,5 l alkoholu 95%
- 1 mała kora cynamonowa

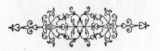

Przygotowanie:

Pomarańcze szorujemy, parzymy i wycieramy do sucha. Każdy owoc nakłuwamy kilkadziesiąt razy końcówką ostrego noża, w nacięcia wciskamy ziarenka kawy. Tak spreparowane owoce umieszczamy w słoju.

W gotującej się wodzie rozpuszczamy cukier, a gdy syrop trochę przestygnie, dolewamy do niego alkohol i dokładnie mieszamy.

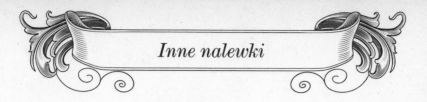
Pomarańcze zalewamy alkoholowym syropem, dodajemy cynamon i odstawiamy do maceracji na 2-3 miesiące. Ważne, aby alkohol całkowicie zakrył owoce, jeśli tak nie jest – spróbujmy z innym naczyniem. Od czasu do czasu otwieramy słój i delikatnie mieszamy nalew.

Po tym czasie zlewamy nalewkę, niezbyt mocno odciskając pomarańcze przez tetrę lub gazę. Likier filtrujemy przez bawełnianą watę i odstawiamy do piwnicy. Powinien dojrzewać minimum 3 miesiące.

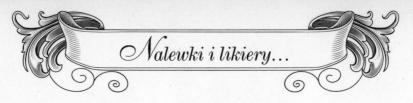
Nalewka farmaceutów

przepis Hieronima Błażejaka

*Najlepsze do tej nalewki będą cytryny z ekologicznych
upraw i świeże, wiejskie mleko.*

Proporcje:

- 1 kg cytryn
- 1 l mleka
- 1 l alkoholu 95%
- 70 dag cukru

Przygotowanie:

Cytryny szorujemy, parzymy, kroimy w plastry, czubkiem noża usuwamy pestki i układamy w słoju. Zasypujemy owoce cukrem, aby puściły sok.

Gdy tak się stanie, wlewamy do słoja mleko, a następnie alkohol. Mocno wstrząsamy szczelnie zakręconym naczyniem, aby wymieszać wszystkie składniki, i odstawiamy je na około 5 tygodni. Przez ten czas co kilka dni wstrząsamy słojem.

Filtrowanie mlekówki jest bardzo uciążliwie. Przesączamy ją najpierw przez płótno, następnie przez bawełnianą watę, wreszcie przez 2 warstwy papierowego ręcznika lub filtry do kawy.

Klarowny trunek odstawiamy do piwnicy na półroczne dojrzewanie.

Indeks

Indeks

Fotografie

okładka – iStockphoto: Anyka, edoneil, hdagli, JackJelly, Mkucova;

wnętrze – iStockphoto: aaron007 (s. 71), AntiMartina (s. 118), Cloudniners (s. 1, 3-144), eAlisa (s. 74), egal (s. 134), Floortje (s. 34, 45), greatpapa (s. 41), HANA76 (s. 38), ivan-96 (s. 133), ManuWe (s. 29), meltonmedia (s. 31), michailPopov (s. 127), nicoolay (s. 59, 81, 96, 99, 108, 109, 125, 139), Pannonia (s. 100), PicturePartners (s. 115), pidjoe (s. 124), RuslanOmega (s. 80), strixcode (s. 24), Wellmony (s. 61), ZoneCreative (s. 77); oraz Alicja Kaczmarek (s. 33, 90)

Redakcja i korekta – Magdalena Drukort

Projekt i realizacja okładki – ALegoria

Projekt i realizacja wnętrza – Marcin Nowicki

Olimp Media Sp. z o.o. sp. k.

ul. Iłłakowiczówny 6/4; 60-789 Poznań

tel. 61 66 11 091

biuro@olimpmedia.pl

ISBN 978-83-7707-003-1